El novelista perplejo

Rafael Chirbes

El novelista perplejo

EDITORIAL ANAGRAMA
BARCELONA

Diseño de la colección:
Julio Vivas
Ilustración: «Retrato de George Dyer en un espejo», Francis Bacon, 1968.
© VEGAP, Barcelona, 2002

© Rafael Chirbes, 2002

© EDITORIAL ANAGRAMA, S.A., 2002
Pedró de la Creu, 58
08034 Barcelona

ISBN: 84-339-6185-3
Depósito Legal: B. 49550-2002

Printed in Spain

Liberduplex, S.L., Constitució, 19, 08014 Barcelona

LAS RAZONES DE UN LIBRO

I

Este libro recoge media docena de charlas pronunciadas a lo largo de los últimos años y unos cuantos escritos sobre autores y libros aparecidos en algunos casos en forma de prólogos y en otros como colaboraciones en diversos medios. De entre las charlas, «El yo culpable», que leí en El Escorial en 1997, y en la que intento analizar los orígenes comunes de la obra de Max Aub y la de ciertos egotistas de entre guerras –como Drieu y Céline–, y su posterior distanciamiento, es la más antigua, seguida, en la cronología, por otra, que pronuncié en el Palau Pineda de Valencia, sede en esa ciudad de la Universidad Menéndez Pelayo, y que plantea mis contradicciones como escritor que aprendió a hablar en una lengua distinta de la que escribe. Tiene también un toque maxaubiano y se titula «De lugares y lenguas».

Tuvieron igualmente su nacimiento como charlas otros textos que aquí aparecen: «El novelista perplejo», leído en el centro Villa Gillet, de la ciudad francesa de Lyon, «La resurrección de la carne», que escribí para la sede madrileña del museo Thyssen-Bornemisza; o los que llevan por título «El punto de vista» (lo leí en la Universidad de Duisburg, en Alemania), «Psicofonías» (para unas Jornadas de Pensamiento Crítico a las que fui invitado por unos amigos) y «Madrid, 1938», escrito con motivo de los encuentros sobre el papel de la literatura durante la Guerra Civil que tuvieron lugar en el Ateneo de la capital de España. «Con los alumnos de un instituto, el catorce de abril» nació como homenaje a cierto espíritu permisivo y –*avant la lettre*– republicano que atraviesa buena parte de la mejor cultura española y que ha sido periódicamente derrotado por embates de intransigencia.

Los otros textos, que evito enumerar para no hacer innecesariamente extenso este prólogo, se escribieron con explícita voluntad de ser impresos. Ya se ha dicho al principio: algún que otro prólogo (para *El año desnudo*, de Pilniak; para *Vida y obra de Luis Álvarez Petreña*), y lecturas casi siempre interesadas sobre autores que me interesan (Marsé, Zúñiga, Ford Madox Ford...), que han ido apareciendo en diversas publicaciones.

En todos los casos, se trata de colaboraciones que he aceptado en la medida en que me permitían poner por escrito preocupaciones sobre mi propia relación con la literatura y el arte, que, de otra manera, seguirían vagando por el mudo y evanescente limbo de lo subjetivo: las ideas que no se capturan y toman forma mediante la palabra no existen. Creo que puedo decir sin equivocarme demasiado que todos los textos de este libro están marcados por la voluntad de encontrar cuál pueda ser el sentido de la escritura y que podrían resumirse en dos preguntas fundamentales: por qué se escribe y para quién se escribe, aunque, como era de suponer que ocurriera en este oficio tan resbaladizo que es el de escritor, más que encontrar respuestas los textos han acabado por componer nuevas series de interrogantes. El título del libro, *El novelista perplejo*, que, por otra parte, es el del primero de sus capítulos, así ha querido reflejarlo, por más que algunos de estos textos, vueltos a leer, me parece que exhiben cierto tono aseverativo, ciertas seguridades de las que yo mismo carezco, quizá porque están escritos con ánimo de abrir la discusión acerca de cuál pueda ser el papel de eso que entendemos por literatura, y más en concreto de la novela, en los tumultuosos tiempos que nos ha tocado vivir. Parodiando el *Diccionario de lugares comunes* de Flaubert, todo tiempo que le toca a alguien vivir es, por definición, tumultuoso.

II

Desde que tengo uso de razón me veo con un lápiz o un bolígrafo en la mano, intentando contar algo; con un libro entre las manos, intentando aprender algo, o vivir vidas ajenas que yo no he podido permitirme. El sentido de mi vida y la escritura han estado íntimamente ligados, quizá porque no me he sentido nunca demasiado capacitado para vivir la vida que vivían quienes me rodeaban. Leer y escribir, por qué no confesarlo, han sido en mi biografía casi siempre un modo de refugio. Pero no es de esos porqués íntimos de los que tratan los textos que he agrupado en este libro. No es de eso de lo que me ha interesado hablarles a quienes me han escuchado en alguna ocasión; de lo que he querido escribir cuando he escrito. Siempre me ha parecido que ese aspecto tenía que guardarse con el pudor con el que se guarda lo privado y, cuando lo he abordado, ha sido de refilón, a través de personajes que no eran yo, o que sólo de refilón eran yo, o que eran tan yo que parecían otros. Las razones particulares de cada cual a la hora de escribir tienen, me parece, un peso frágil y bastante inconsecuente, dado que poner algo por escrito es ponerlo en el espacio común del lenguaje. Lo que nos importa –o lo que me importa– de un texto es su dimensión pública: de qué modo las experiencias y razones de uno pasan a formar parte de razones o sinrazones ajenas y cómo, se quiera o no, ayudan a componer o fijar ese espacio mental y hasta moral que es la sensibilidad de una época.

Tal vez, el peso de la literatura en la formación de la sensibilidad colectiva haya decrecido actualmente. Es muy posible que así sea, pero, en cualquier caso, nadie podrá negar que la literatura sigue ejerciendo cierta influencia en la formación del alma colectiva. La voluntad de indagar en las responsabilidades de quienes escribimos, de fijar cuál sea nuestra participación a la hora de componer la sensibilidad del tiempo que nos ha tocado vivir, de tejer sus aspiraciones y retratar sus frustraciones, es objeto central de este libro que, a pesar de estar formado con materiales sedimentarios diversos y acumulados durante una decena de años, creo que posee cierta unidad, aunque no sea más que la que le proporciona su carácter de periódico intento de abordar ese núcleo duro de lo literario, que siempre se nos escapa de las manos cuando intentamos capturarlo, tal vez porque se define precisamente en su calidad de intento.

Aunque el crítico sea más explícito a la hora de expresar las fuentes de las que procede su sistema y de buscar en ellas su autoridad, también el novelista, al escribir sus novelas, lee de una determinada manera a sus predecesores y busca apropiarse de ellos, de su parcela de legitimidad. Esa pretensión aparece explícita en este libro en el que el autor revela sus gustos, sus antipatías y sus simpatías. Lo cierto es que cada vez que he intentado reflexionar acerca de lo que podía ser la literatura (o la literatura que yo quería hacer), me han venido a la mente unos cuantos nombres de autores de cuya obra me siento deudor, y cuyos textos envidio como cumplimiento de una aspiración que comparto. Los descubrirá el lector de manera recurrente en los artículos que siguen, como descubrirá a otros autores que, por más que algunas de sus obras me parezcan técnicamente envidiables e incluso de altura imposible de alcanzar, representan aquello de lo que mi literatura escapa. En la literatura, me comporto como en la vida: tampoco en la vida he buscado hacerme amigo de los individuos que me han parecido más brillantes o más capacitados para el éxito, sino de quienes me ha parecido que cumplían ciertos rasgos de afinidad; que encarnaban determinadas virtudes que yo necesitaba más que ese brillo seductor que puede cautivar a mucha gente.

Beniarbeig, 2002

EL NOVELISTA PERPLEJO

En los libros de historia se nos cuenta que, durante todo el siglo XIX, y al menos hasta la Primera Guerra Mundial, la mayoría de las obras de arte importantes fueron capaces de provocar cierto escándalo en la sociedad de su tiempo: discusiones públicas, enfrentamientos entre admiradores y detractores, e incluso procesos judiciales: escándalos morales o (íntimamente relacionados con ellos) escándalos políticos. Los recién llegados al mundo del arte o los que llamaban a sus puertas se expresaban en voz alta y generaban expectativas de que algo decisivo iba a ocurrir o había empezado a ocurrir. Cada nuevo grupo de artistas luchaba abiertamente contra el gusto establecido, que es tanto como decir contra los comportamientos sociales aceptados. Buscaba con empeño arrebatarles a sus predecesores la influencia social. La afirmación sirve para todas las artes: son bien conocidas las sonadas repercusiones de las novelas de Zola; o los procesos sufridos por *Madame Bovary* de Flaubert; las polémicas en torno al impresionismo y al fauvismo, y la lucha por controlar los salones pictóricos; el furor que desató el estreno de *La consagración de la primavera*, y no digamos ya los escándalos que consiguieron orquestar dadaístas y surrealistas. Así se nos ha contado la historia, por más que la conmoción que esos movimientos causaron se limitara al escaso grupo de consumidores de las distintas artes, que apenas rebasaba el ámbito de la élite encargada de mantener los códigos del gusto. Pronto, sin embargo, esas tendencias de vanguardia, ampliando su influencia en círculos crecientes como los que provoca una piedra arrojada al agua, impregnaban las derivaciones más populares de dichas artes: el vestuario, la publicidad, las novelas y folletines, o la canción, que incorporaban más o menos deprisa los hallazgos estéticos o técnicos de dichas vanguardias.

Parece indudable que las cosas han cambiado sustancialmente por lo que se refiere a la capacidad de escandalizar del arte, ya que no por su influencia en la moda (los diseños de los tejidos recogen enseguida los colores y formas de las vanguardias pictóricas, etc.). El arte ha conseguido un estatuto que le posibilita hacer lo que quiere y como quiere, no sólo con absoluta permisividad social, sino incluso con la complacencia de las capas más selectas de las sociedades llamadas avanzadas que, en contra de lo que anteriormente ocurría, ahora parecen exigirle al artista un atrevimiento cada vez mayor. Libros como los de Nathalie Heinich *(Le triple jeu de l'art contemporain),* Yves Michaud *(La crise de l'art contemporain),* y Robert Huges *(El impacto de lo nuevo),* o la supuesta denuncia de Haden Guest, *True Colours: The Real Life of the Art World,* han contado esos mecanismos que determinan la producción artística contemporánea: instalaciones y *performances* cada vez más atrevidas, y que sólo protesta alguna voz obsolescente, cuyo lamento sirve para reforzar el prestigio del artista contestado y marcar con mayor precisión los mecanismos de su valor en alza; o representaciones teatrales de inusitada violencia, que el público, a pesar de convertirse en víctima de agresiones que rozan el sadismo, no duda en aplaudir con discreta cortesía de *connoisseur,* cuando no con pasión de cómplice, llenan las agendas de los ciclos culturales que se ofrecen en cualquier rincón de Europa, incluidos los más oficialistas. Al menos en apariencia, nunca como hoy han convivido con tal promiscuidad los lenguajes, los estilos más dispares, las propuestas más contradictorias y atrevidas. Todo parece estar permitido, y, paradójicamente, nada toca el núcleo de la sociedad en la que se crean y digieren dichas obras: el arte resbala sobre la piel de su tiempo sin dejar más que pasajeras huellas en efímeras modas velozmente expulsadas de la circulación por sus nerviosas sucesoras. Se diría que la sociedad contemporánea carece de fisuras, o que se ha vacunado contra el virus del arte, devorando inmune incluso aquello que, en apariencia, podría minar sus cimientos.

El ciudadano medio «ya lo sabe todo», «ya lo ha visto todo», y se tiene la impresión de que lo único que necesita para despertar de su permanente letargo son emociones aún más intensas que toquen sus terminales nerviosas: sentir más que saber. Grandes montajes operísticos, espectáculos callejeros animados por láser y por gigantescos fuegos de artificio que ponen el corazón en un puño y arrancan, al concluir, gritos de emoción y salvas de aplausos; multitudinarios conciertos.

Por lo que se refiere a la literatura –y en concreto, a la novela– parece evidente que no puede competir en el mercado de las emociones con esa compleja presencia cotidiana del espectáculo: con las chillonas imágenes de los videoclips que proyectan las cadenas de televisión; con la potencia de los decibelios que son capaces de emitir los altavoces del más modesto aparato musical instalado en cualquier piso de los suburbios; con el atrevimiento de los enormes paneles publicitarios plantados en las calles de las ciudades; con los llamativos titulares de los periódicos; cómo va a competir, sobre todo, con esa nueva y fascinante forma de contar historias, que es el cine, con sus planos cada vez más sofisticados y perfectos, su música, sus complicados y sorprendentes efectos especiales. La novela parece haberse conformado con dormir en un polvoriento desván. Ya antes de la Segunda Guerra Mundial, Walter Benjamin escribió que iba a ser difícil y quizá imposible que cualquier niño criado en esa ventisca de huracanadas señales encontrara el camino de regreso al «silencio exigente» de un libro.

Hace poco, Eduardo Mendoza consiguió levantar una pequeña tempestad en el lánguido mundillo literario español cuando, en lo que para algunos fue una calculada operación para promocionar su último libro, se le ocurrió declarar que la novela era un género muerto, un arte de sofá y mesilla de noche, lo que provocó un modesto aluvión de declaraciones más o menos forzadas, a favor y en contra de las tesis de Mendoza, que ocuparon a los críticos periodísticos durante algunas semanas. «La novela vive», «la novela ha muerto», se discutió en los pequeños círculos de enterados hasta que, enseguida, las aguas volvieron a su cauce. Todo se había limitado a una *boutade* u ocurrencia del novelista. La feria de las promociones de nuevos libros y la algarabía de los nuevos premios literarios taparon con su ruido la forzada polémica sin mayores consecuencias.

Debo reconocer que a mí no me parecieron mal las declaraciones de Mendoza, ya que —no sé si a su pesar— ponían el dedo en la llaga, no del estado actual de la novela, sino de lo que yo creo que es el estado crónico del arte de narrar, y quizá de todo arte. Es posible que la declaración del autor de *El año del diluvio* no fuera simple cinismo, como pensaron muchos, y tuviese que ver con la situación anímica del novelista que, recién concluido un nuevo libro, se enfrentaba a ese momento de desolación que invade a cualquier narrador consciente cada vez que intenta abrirse paso en la selva de lo ya dicho. Y es que la vida o la muerte de la novela, como la de cualquier otro arte, sólo puede diagnosticarse en la medida en que mantiene o no el pacto con la sociedad o con los sectores sociales cuya sensibilidad (llamémosla por el momento así) nutre.

Un arte, un género se agotan cuando no pueden romper el espacio en el que se instalan sus contemporáneos. Zola, en el prólogo de *Le naturalisme au théatre*, lo expresó afirmando que «una obra no es más que una batalla contra las convenciones», lo que equivale a decir que, por principio, todo arte está muerto hasta que una nueva obra encuentra el modo de levantarse entre los cadáveres de ese cementerio. Digamos que la novela avanza también, como los barcos, abriéndose paso con su obra viva en una masa inerte y que, por eso, no es raro el desánimo del escritor antes de empezar un nuevo libro, porque se encuentra sin camino, así como también resulta lógica su excitación cada vez que consigue embarcarse en una nueva novela, en una nueva forma de contar: al sentir que está mirando desde otro lugar, es decir, que está mirando otra cosa, se siente artífice de una nueva resurrección. «Se hace camino al andar», que diría Machado. Hay una dialéctica permanente entre buscar el sentido de la escritura y escribir: a la pregunta de para qué escribir el novelista sólo puede responder escribiendo. A la pregunta de qué es la novela hoy, la única respuesta del novelista se encuentra entre las cuartillas de la que está escribiendo, porque ese texto en marcha es su forma de renovar el pacto de la narrativa con su medio. Cada novela debe construir su lenguaje, su sintaxis, y por tanto, su función: poner en pie el género, restableciendo el pacto.

Dice Musil en sus *Diarios*: «¿Por qué escribir como arte? ¿Para decir las cosas una vez más? ¿Por qué no ocuparse del principio físico de la relatividad, de la paradoja lógico-matemática de Couturat, de...? Porque hay cosas que no se pueden despachar científicamente, que no se dejan atrapar tampoco por la seducción hermafrodita del ensayo, y porque es un destino amar tales cosas, un destino de escritor.» Un destino de escritor. Pero ¿para qué, y para quién esa otra cosa, esa otra manera, que es la que da sentido a la literatura? Raymond Williams asegura que «Escribir de modos diferentes significa vivir de modos diferentes. Significa así mismo ser leído de modos diferentes, dentro de relaciones diferentes y a menudo por gentes diferentes». Habría que preguntarse, pues, qué ofrece diferente y a quién la literatura, o, por limitarnos al género que hoy nos interesa, la narrativa. Un arte que nace en soledad, que exige escasa o nula inversión económica para producirse (un lápiz, un fajo de cuartillas), que capta a sus clientes de uno en uno (se lee en soledad), qué papel puede reclamar frente a la capacidad para seducir a las multitudes fascinadas por la emoción de los grandes espectáculos. Leer: un interminable y monótono desfile de hormigas negras pasa ante nuestros ojos durante horas y horas, palabras, frases, párrafos, silenciosa uniformidad, frente al estallido de lo que se llama lo audiovisual.

De hecho, no le faltan al género tentaciones de participar en ese gran espectáculo contemporáneo. Uno puede llegar a pensar que, al igual que durante la Edad Media se consideraba a la filosofía esclava de la teología, hoy, la literatura, y en concreto la novela, se ha convertido en una esclava más del promiscuo harén de los que se conocen como grandes grupos mediáticos. No se trata ya de que los presentadores de televisión y los periodistas estrella se conviertan en novelistas, como cumpliendo un ritual de ennoblecimiento (la novela, por su sequedad, ejército de monocromas hormigas, quedaría reservada para una selecta parcela social, la que ocupa la cúspide, frente a otros medios de mayor permeabilidad popular: la novela ennoblece, incluso a los de abajo que acceden periódicamente al género), sino que los propios novelistas acaban convirtiéndose en trabajadores, en felices obreros asalariados de esos grandes grupos, escribiendo como columnistas de sus periódicos, asesorando sus editoriales, animando sus programas de radio y de televisión. Ocurre incluso que las novelas son muchas veces excusas para futuros guiones de películas producidas por dichos grupos, distribuidas en sus salas y aplaudidas por los críticos de sus periódicos y se escriben a medida de los proyectos económicos en marcha. En las reuniones de los consejos de administración salen a relucir títulos de novelas y nombres de autores en relación con grandes operaciones económicas.

A primera vista, parece haberse roto esa diferencia que, en los últimos doscientos años, ha distinguido lo que se consideraba el gran arte, cuya aspiración era buscar «valores estéticos» y que servía de canon para los pontífices del gusto (por más que no renegara de lo económico), del arte de naturaleza estrictamente venal y de consumo masivo. Mendoza debería haber dicho que, si la novela está muerta, su cadáver está, además, bien atado, más prisionero de lo que nunca lo ha estado, al menos desde que el romanticismo sacó a la literatura de los salones e inventó la imagen del escritor solitario e incomprendido. La imagen del escritor rebelde ha quedado definitivamente sepultada, su altivo gesto nos parece casi ridículo, y hoy los jóvenes novelistas buscan ansiosos un protector que los libere de la antes mitificada radical soledad del arte. O se convierten en funcionarios de cultura de un Estado (el Estado es el otro gran grupo-patrón del arte) sospechosamente generoso con quienes debían serle molestos. Vale la misma reflexión para otras artes: pintores y escultores presos de marchantes, galeristas y del Estado en sus diversos escalones, que se ha convertido en su mejor cliente. Fuera de esos grandes grupos, cualquier carrera literaria se convierte en un camino plagado de minas.

Los grupos mediáticos disponen no sólo de las factorías de producción artística, sino también de los santuarios de su canonización: detentan los códigos del gusto. En las llamadas artes plásticas eso parece incontestable, pero también en el mundo literario, ya que controlan la producción del libro, y, a la vez, el código desde el que el libro debe ser descifrado, leído. Cada vez son menos las editoriales independientes, las librerías independientes y los autores que permanecen al margen de esos todopoderosos grupos. Sobre todo, cada vez son menos los lectores cuyos gustos no están dictados por esos aparatos mediáticos que basan su poder en lo que llaman, no sin un punto de cinismo, sinergias: la influencia de todos los medios –prensa escrita, radio, televisión, cine– sobre el porvenir de un escritor o de un libro. Por si fuera poco, muchos de los novelistas más jóvenes, los nuevos contadores de historias, han perdido el interés por la tradición literaria, desprecian el pasado de su lengua, y su deseo de contar parece proceder más de la gramática y sintaxis del cine o de los videoclips de la televisión que del tronco de narradores que les ha precedido y cuya obra desprecian en bloque en la misma medida en que la desconocen. Lo que ha supuesto un enriquecimiento para la novela durante los últimos decenios (la incorporación de estos nuevos lenguajes a la narrativa) ha terminado por presentar un cuadro clínico de tics empobrecedores.

En cualquier caso, hablar de la pleitesía de la literatura ante los grandes espectáculos como de algo nuevo en su historia sería pecar de ingenuidad. Sería olvidarse, por ejemplo, de todo el barroco con su complicada tramoya; de Calderón y sus textos al servicio de las multitudinarias representaciones religiosas; del propio Shakespeare. Cómo no incluir como viejos competidores de la palabra escrita los torneos, los oficios religiosos, los autos de fe, las representaciones de masas de todo tipo (ese odio ancestral de los escritores ilustrados españoles a las corridas de toros, bárbaro opio del pueblo), las suntuosas procesiones que encandilaron a las masas durante siglos (no estaría de más repasar al respecto de las manifestaciones religiosas de los siglos XVIII y XIX algunos textos de Blanco White). Además, la literatura escrita ha convivido siempre con otras artes y ha sido con frecuencia su cómplice: hablemos de los textos para el teatro, pero también de los libretos de ópera, o de los poemas religiosos o cívicos. Algunas de las mejores páginas de la literatura universal se han escrito precisamente con el fin de ser cantadas, recitadas en público o representadas. ¿Que ahora ocurre de otra manera, con otro calado? Cada época ve cómo las cosas ocurren de otra manera, con otro calado.

Durante cierto tiempo, una parte de mi generación, en España (como antes y después ha ocurrido en otros países dictatoriales), creyó –creímos– pulsar el poder de la narrativa en su capacidad para ser odiada y perseguida. La tozuda brutalidad del franquismo, interviniendo en algunas novelas para censurarlas, cortándoles algunos pasajes, o prohibiéndolas sin más, pareció que dotaba al género novelístico de un poder, de una fuerza contestataria que nos costó tiempo darnos cuenta de que era sólo un poder añadido, un poder que se ejercía desde el exterior de la obra. Concluida la etapa franquista, se esfumó esa mediación en España, por suerte para la novela y para la sociedad en su conjunto, no sin que antes se abriera una fugaz contienda entre quienes defendían que la función de la literatura era externa a la obra –de intervención social– y quienes creían que la única revolución que toleraba la literatura era la revolución de la propia literatura. En realidad, la polémica, matices aparte de quién tuviera o no razón por el modo en que se planteó, fue un obligado ejercicio de catarsis previo para la «normalización» del mercado literario, una última convulsión entre una forma de entender la narrativa condenada a desaparecer, al menos momentáneamente, y otra que se imponía como normalidad. Las editoriales, muchas de las cuales habían nacido como activos núcleos de resistencia antifranquista, se resignaban a cumplir el papel de simples empresas de comercio, con nulo afán de transformación o protagonismo social (aunque luego se descubriría que con ánimo de progresiva intervención en la formación y dirección del gusto y los valores, no sólo estéticos). El dinero perdió su aura diabólica y su compañía dejó de molestar a intelectuales y artistas; y lo que empezó a distinguir a una editorial de otra no fue su posición ante el papel de la cultura, sino su mejor o peor «gusto literario», su más o menos acertado criterio en la selección de los catálogos. Se llegaba así a la «normalidad» instalada en otros países europeos, aunque con algunos matices, entre los que quizá destaque, por su repercusión posterior, la mayor facilidad con que los grupos editoriales, que acabaron convirtiéndose en mediáticos, consiguieron capturar en España a la casi totalidad de los escritores, utilizando como señuelo (evidentemente ya fuera de contexto) los tics residuales de la ideología de la resistencia que se incubó bajo el franquismo; y, en todo caso, aprovechando las débiles resistencias de una sociedad carente de las defensas que producía en otros países un policentrismo que, a la larga, también acabaría en buena parte evaporándose.

La narrativa no se escapó de la norma, tanto más cuanto que, como arte, poseía el empaque suficiente (su mensaje era callado y había que descifrarlo e incluso algunas novelas se dejaban descifrar con dificultad) para que se convirtiera en indiscutido signo de prestigio. Así fue: privilegiado manjar, más preciado cuanto menos al alcance de cualquiera: baluarte del gusto, emblema ennoblecedor de esos grupos (el catálogo de publicaciones literarias de calidad era el contraste, el sello que garantizaba la excelencia del conjunto de la oferta), los novelistas –confirmando la normalización– pasaron a ser (otra vez más), monaguillos de la misa solemne de ese buen gusto, al igual que pintores, músicos o arquitectos. Al amparo de tal manto estético, proseguían las prosaicas y complicadas operaciones comerciales y financieras. El arte se había reconciliado con la sociedad, superando el paréntesis impuesto por el franquismo.

A partir de ese momento, la posibilidad de que la literatura y la sociedad de su tiempo tuvieran determinadas relaciones y discutir acerca de cuáles pudieran ser dejaba en el aire la sospecha de algo ya definitivamente superado, *demodé*. ¿Por qué tenía la literatura que mirar fuera de la literatura? La misión de las novelas no era otra que la de ser buenas novelas, es decir, novelas bien escritas, bien tramadas, con despliegue de recursos técnicos e ingenio, como si pudiera obviarse eso que dice Raymond Williams: como si cada novela no supusiera vivir de una manera y escribir para un público. Pero si uno observa con atención los avatares del «canon» en la crítica de estos últimos años, ve que ni siquiera eso que parecía y decía imponerse se ha impuesto como modelo, ya que las novelas más unánimemente aplaudidas no han cumplido la mayor parte de las veces esa «literariedad» que la crítica decía reclamar, sino que, más bien, se han vestido con cierto estilo que podríamos definir entre preciosista y cosmopolita, una *manera* de la que, además, no ha sido ajena la imagen –también entre ingeniosa, *doucement maudite*, hábil y cosmopolita– del autor, tocado no pocas veces con rasgos de dandy.

Detrás de una supuesta normativa literaria, se ejercía una criba ideológica: se primaba un modo de entender la escritura como brillante fruto de ingenios superiores –su producción tanto como su consumo– que se ajustaba al proyecto social y político de la normalización, en nombre de la cual se alejaba del circuito de calidad a todo aquello que se separase de ese vaporoso canon que tenía más que ver con una intuición que con un código. La crítica ejercía su papel de revisor de tren y vigilaba para que no se colasen en los vagones de primera quienes debían ir en tercera según ese volátil, pero funcional, sistema de afinidades electivas.

Claro que, para comprender el poder del canon, habría que empezar entendiendo que una cosa es el novelista como un personaje más de la representación pública de los grandes grupos (su imagen) y la novela como espectáculo que se comenta en los periódicos y en los programas de televisión, y otra muy distinta el texto escrito, e incluso el propio acto de leer que, en definitiva, no aparece en esa representación más que como soporte sobre el que se levanta la tramoya. De ese modo, resulta que un libro y un autor son, en el nuevo escenario, lo que se dice del uno y del otro en sociedad, y ese decir se lleva a cabo a través de la multiplicadora red de los grupos editoriales (ataque combinado de radio, televisión, prensa escrita), así que sólo en apariencia el acto de leer forma parte del espacio de lo privado, como ver una película pornográfica en el vídeo casero, o escuchar en compact disc una sonata de Bach. El texto es sólo el soporte sobre el que empieza el espectáculo. El bombardeo de los medios permite dirigir su lectura, obviar las interpretaciones o las zonas textuales inadecuadas para la representación o incluso ningunear los textos, que, fuera de esas poderosas maquinarias, o contra ellas, intentan abrirse paso desde otros códigos. Lo público se introduce por esos canales en lo íntimo, ya que, al fin y al cabo, la novela no admite el ecumenismo de un espectáculo de fuegos de artificio, puesto que –como hemos apuntado– reparte la emoción de una manera cicatera, habla a los lectores de uno en uno, frente a la generosidad de los eventos de masas en los que la emoción, además de intensa, se convierte en extensiva, ya que se contagia entre quienes la experimentan al mismo tiempo.

Ante este panorama, ¿debemos alegrarnos de que se escriban muchas novelas, se pinten mucho cuadros, se quemen muchos fuegos artificiales y se rueden muchas películas pornográficas? ¿Por qué? El espectáculo del prestigio parece ser el único vector que mantiene la actual vigencia de la novela contemporánea. Dejando aparte ese prestigio, que es, en apariencia, un envoltorio con el que se rodea el género, como las cajas de bombones se envuelven con celofán, ¿qué queda? Al margen del prestigio, el género tendría como objeto provocar una emoción distinta de la que proporcionan los grandes espectáculos de masas en un mundo que ya «sabe todo», «conoce todo» gracias a la prensa, la radio y la televisión: ésa es la literatura de alcoba de la que hablaba Mendoza. En tal espacio íntimo, a la profesión de novelista se le habría encomendado una tarea fronteriza de la de ciertas fundaciones caritativas o de las organizaciones no gubernamentales. Dar consuelo a gente solitaria, o acompañar en los instantes de soledad a quienes viven en permanente ajetreo, enriquecer su vida interior, o incluso proporcionarles un imaginario a los adolescentes (convertidos en atractivos clientes), un relato heroico de su doméstica aventura formativa, o una guía de cómo tragarse esa inevitable primera espina, la *première arête* que acompaña al primer bocado del amor, y de la que, a los de mi generación, nos hablaba Brassens en su *Suplique pour être enterré à la Plage de Sète*. Pero la emoción –una específica forma de emoción– ¿es la razón de ser de la novela, de la literatura?

No todos los escritores se conforman con ese estatuto, que supone el mantenimiento de un pacto con lo establecido, no por tácito menos evidente. A lo largo de la historia de la novela resultaría interminable enumerar la lista de autores que han creído que escribían con el objetivo de intervenir en la sociedad de su tiempo; para cambiar o al menos influir en lo que antes se llamaba «la mentalidad de su tiempo». Proust, refiriéndose a Tolstói, Nietzsche e Ibsen, afectados por diversos males físicos o mentales, en la necrológica de John Ruskin que escribió en la *Gazette des Beaux Arts,* hablaba de que Europa iba perdiendo a sus «directores de conciencia», concepto que expresa una función en la que lo público y lo privado se entremezclan. Y, de hecho, Musil, en el texto que hemos citado, no era la función emocional la que otorgaba a la literatura, a la que, como hemos visto, le pedía atrapar lo que es inaprensible para la ciencia, y lo que no se deja capturar por el ensayo, objetivo que se compadece mal con el de la caridad y que limita con el de la necesidad. En esa misma dirección se han expresado centenares de escritores a lo largo de la historia de la literatura, incluso cercanos a nosotros en el tiempo. Hermann Broch afirmaba: «La poesía es una forma incontenida —impaciente— de conocimiento», y también: «La confesión no es nada, el conocimiento empírico es todo.» Hanna Arendt, la prologuista de los textos sobre poesía y literatura del autor de *La muerte de Virgilio*, que en España publicó Barral bajo el título *Poesía e investigación*, resumía así sus ideas: «Broch pensaba que la auténtica función cognoscitiva de la obra artística es y debía ser presentar la totalidad de una época, no aprehensible por otro procedimiento, aunque fuera lícita la eterna pregunta de si es realmente posible presentar como totalidad un mundo en ruina de valores». Aún más, en defensa de esa estética del conocimiento, Broch condenaba con palabras extremadamente duras la poética de la belleza (seguimos con la cita de Hanna Arendt): «El arte por el arte que se presenta con el ropaje de un exclusivismo minoritario y al que, como muy bien sabía Broch, tenemos que agradecer tan sonoros poemas, es en realidad kitsch, de la misma manera que, en el lenguaje comercial, el lema "el negocio es el negocio" constituye el recurso fraudulento y universal del comerciante sin escrúpulos.» Para Broch, la misión del artista es la de producir una obra bien hecha (entendamos, en la novela, el proceso de conocimiento propio bien elaborado), y la belleza es, tan sólo, el sentimiento que invade al lector ante la perfección de ese proceso por el que ha llegado a aprender algo que antes no conocía. A la pregunta de qué cambia el arte, Musil respondió que el arte «cambia al artista». Faulkner lo expresó así: «Escribí *El ruido y la furia* y aprendí a leer.» Quien proclama que la novela ha muerto, ¿acaso anuncia que ha caducado una forma de conocimiento? ¿Que la novela contemporánea ya no sirve para conocer? En ese caso, ¿desde cuándo ha dejado de servir? Su fecha de caducidad, parece, de todos modos, reciente. Quizá valga la pena hacer algunas reflexiones sobre cómo ha actuado hasta ahora la narrativa en el cuerpo social.

A pesar de que los historiadores ya han abandonado hace tiempo ese camino, aún tenemos tendencia a imaginar el pasado como sobresaltado por una serie de hitos, de convulsiones, salpicado de grandes nombres, lo cual no deja de ser ilusorio. Generalmente, una obra literaria nueva no atraviesa el universo como un cometa deslumbrante. Entre los miles de anónimos lectores europeos de novelas de caballerías en el siglo XVII, y a pesar de su temprano éxito, sólo a unos pocos les llegó el *Quijote*, y, de ellos, ¿cuántos se dieron cuenta de que estaban ante una obra que alteraba el punto de vista sobre las cosas, levantándose sobre un cadáver? ¿A cuántas apacibles devoradoras de novelas sentimentales y de costumbres sacudió la aparición de *Madame Bovary*? ¿Cuántos aficionados a la novela de aventuras descubrieron la duradera grandeza de *Benito Cereno*, o la potencia teológica de *Moby Dick*?

Digamos que la novela tiene sus propias formas de impregnación. Es un género que trabaja despacio y que mina la realidad —la percepción de la realidad— desde los ángulos y no desde el centro. No importa tanto el número de lectores a corto plazo que tenga un libro, lo que importa es que alguna vez el mundo ha sido contemplado desde un lugar nuevo. Hay obras importantes que han obtenido clamorosos éxitos en su tiempo. Pero eso no es lo normal. Lo normal es que las grandes novelas tengan que crear su propio público, en palabras de Gide, o, por decirlo de otra manera, que al cuerpo social le cueste mirar desde ese nuevo lugar que las novelas más lúcidas proponen. Pero, en un plazo más o menos largo, esa nueva mirada se filtra por ósmosis en otras obras, e impregna por un complejo sistema de capilares la sensibilidad social. Fueron muy pocos quienes leyeron los libros de los novelistas que hoy se agrupan en los manuales de historia de la literatura española como «la generación de los cincuenta»: Martín Santos, los Goytisolo, Ramiro Pinilla, Ferlosio, Aldecoa, el propio Benet, a quien tanto se cita como marchamo de inasible *prestige*, y a quien tan poco se ha leído entonces y después. En aquellos años, las «multitudes» (lo entrecomillo porque nunca fueron demasiados los lectores de novela en España) leían los libros de Martín Vigil, Carmen Conde, José María Pemán o José María Gironella, y a ellos se referían preferentemente las revistas y periódicos de gran tirada, los programas de radio y de la incipiente televisión. Y, sin embargo, los pocos que tuvieron acceso a aquella nueva forma de escritura, es decir, a aquella nueva forma de ver la realidad española, resultaron suficientes para fermentar el cambio de sensibilidad de una generación y para modelar el punto de vista de la capa social que, un par de décadas más tarde, llegó al poder. Esa gente dispuesta para el relevo del franquismo había aprendido a mirar España desde otro lado, en buena parte gracias a las novelas que leyeron en su juventud; o, siendo más pesimista, diré que, al menos, intuyeron que tenían que convertir los nombres de esos novelistas, lo que esos novelistas habían acabado por representar en el imaginario colectivo, en referentes de lo que ellos decían representar. Ferlosio, en el título de uno de sus textos, vaticinaba: «Mientras no cambien los dioses nada ha cambiado.» Y Julien Gracq, en boca de uno de los personajes de su novela *El mar de las Sirtes,* dice: «Hacer hablar a los muertos de una manera sensata y pertinente es el abecé del arte de gobernar.» Walter Benjamin sabía que la legitimidad está en la permanencia del rencor por una injusticia que se cometió en el pasado y que la lucha por la legitimidad es la lucha por apropiarse de la injusticia del pasado. Sólo esa apropiación justifica el restablecimiento de una nueva normalidad.

De ese rencor del pasado era del que se habían apropiado, para legitimarse, los nuevos novelistas españoles, quienes hacían hablar a los muertos de las tradiciones liberal, republicana, marxista o anarquista, derrotadas por el franquismo. Recuerdo ahora esa novela de Sciascia, *Il Consiglio d'Egitto*, en la que el revolucionario Di Blasi se pregunta si es lícito falsificar la historia en bien de la justicia, o de la Revolución como un sinónimo de la justicia. Pero la historia no es más que apropiación, saqueo, como es saqueo la teoría acerca de la teleología de la literatura; este texto es saqueo. ¿Para quién? ¿En nombre de quién? La novela como saqueo de la historia de la novela. Escribir otra cosa para otra gente, entregar la literatura a otro público.

A fines de los años setenta y principios de los ochenta, durante el proceso de desmantelamiento del aparato de la dictadura española, los nombres que habían formado la historia reciente de la literatura oficial pasaron en su mayoría a desaparecer de los libros de texto, o se quedaron en un rincón de la letra pequeña. De nuevo, las palabras de Ferlosio: «Mientras no cambien los dioses nada ha cambiado.» ¿Quién, un decenio antes, mientras leía aquellas novelas marginales, minoritarias, las de los Goytisolo, Martín Santos, Marsé o Aldecoa, cuyas tiradas no pasaban de los dos mil ejemplares, y sus ventas, la mayor parte de las veces, de unos pocos cientos, había sido consciente de que España empezaba a mirarse a sí misma de otra manera? Martin Walser, en *Una fuente inagotable*, la novela que ha escrito recientemente acerca de la infancia alemana durante los años del nazismo, afirma: «Mientras algo es no es lo que habrá sido», y también: «Cuando sucedía lo que ahora decimos que sucedió no sabíamos que sucedía.»

Paradójicamente, la gran novela surge por lo que no es, por ausencia, por su capacidad para no estar donde se la espera, por colocarse en un territorio que nadie ha colonizado todavía: novela pulga, se salva salvando obstáculos. Podemos mirar sus obras como más o menos significativas, más o menos complejas, pero esos narradores españoles de la generación de los cincuenta habían empezado a ver otra cosa. Quizá no nos valgan más que unas pocas de sus obras, y, de entre esas obras, sólo algunos rasgos, unas cuantas páginas, pero, en su conjunto, ese grupo de escritores había captado eso tan ambiguo que enuncia Chateaubriand en sus *Mémoires d'outre-tombe*: «*A toutes les périodes historiques, il existe un esprit-principe*», y que traducido a términos literarios podría encarnarse en el punto de vista desde el que el narrador se enfrenta a su materia. Broch hablará siglo y medio después de Chateaubriand de la «expresión de una época». Es verdad que, vistos hoy, esos narradores españoles de los cincuenta nos parece que tienen más que ver con la tradición española de lo que por entonces pensábamos. También en esa reflexión nos sirve de ayuda Broch, que, en su artículo *De Hofmannthal y su tiempo*, reflexionaba: «Toda obra de arte es nueva y está, al mismo tiempo, vinculada a la tradición: las generaciones posteriores ven en ella, sobre todo, su vinculación a la tradición (se vuelven, pues, cada vez más ciegas a la revolución), en tanto que los coetáneos (ciegos, a su vez, a la tradición) ven en ella exclusivamente lo sorprendente, lo novedoso.» Idéntica fórmula nos sirve para enunciar la relación del hombre con los ciclos históricos. Quizá no estaría de más anotar aquí que, por lo que se refiere al conjunto de la sociedad, pasado el tiempo, también en la España que sucedió a

Franco vemos hoy más rasgos de continuidad con respecto a la etapa anterior de los que veíamos durante la transición. Un narrador original abre un continente. Me gustan mucho unas reflexiones que Proust incluye en *Le côté de Guermantes* y que tienen que ver con la percepción de las revoluciones en el arte. Dice Proust, en ese texto ejemplar, que el artista original procede del modo como lo hacen los oculistas, que, al concluir el no siempre agradable tratamiento, le dicen al paciente: «Ahora mire», y el paciente ve repentinamente con claridad. Proust se sirve del ejemplo de Renoir para demostrar que el mundo no ha sido creado una sola vez, sino tantas como ha aparecido un nuevo artista. Cuando escribió estas líneas, a Renoir se le consideraba ya un pintor obsoleto *(«un grand peintre du XVIIIe siècle»)*. La gente se había olvidado de que, hasta que ya agonizaba el siglo XIX, Renoir no fue aclamado y ni siquiera comprendido como artista. Y, sin embargo, Renoir les había regalado una nueva mirada. Dice textualmente Proust: *«Des femmes passent dans la rue, différentes de celles d'autrefois, puisque ce sont des Renoir, ces Renoir où nous refusions jadis à voir des femmes. Les voitures aussi sont des Renoir, et l'eau, et le ciel: nous avons envie de nous promener dans la forêt, jet par exemple pareille à celle que le prémier jour nous semblait tout excepté une forêt, une tapisserie aux nuances nombreuses, mais où manquaient justement les nuances propres aux forêts.»*[1] Hemos aprendido a mirar a Goya de otra manera y mejor después de Picasso, a Velázquez después de Goya, hemos entendido *La Celestina*

---

1. «Pasan por la calle mujeres diferentes de las de antaño porque son Renoir, los Renoir en que nos negábamos ayer a ver mujeres. También los coches son Renoir, y el agua y el cielo: sentimos ganas de pasearnos por el bosque parecido al que el primer día nos parecía todo menos un bosque, y sí, por ejemplo, una tapicería de matices numerosos, pero en la que faltaban justamente los matices de los bosques.» (Traducción de Pedro Salinas y José María Quiroga Pla.)

mejor después de haber leído a Galdós y a Galdós una vez que hemos leído a Max Aub; pero aquí vale también el proceso inverso: leemos a Blas de Otero si hemos leído a Quevedo, y a Alberti si nos hemos familiarizado previamente con Lope. Proust lo expresó así: «*Il y a des morceaux de Turner dans l'œuvre de Poussin, une phrase de Flaubert dans Montesquieu*»[1] *(Sodome et Gomorre)*. Misteriosamente las obras del pasado nos hacen leer el pasado, pero, sobre todo, el presente. Malraux, en *Les voix du silence*, lo expresa diciendo que todo gran arte modifica a sus predecesores. Y va más lejos cuando dice: «Las obras de arte resucitan en nuestro mundo, no en el suyo. Entendemos lo que dicen esas obras de arte, no lo que dijeron.» Gérard Genette *(La obra de arte. Trascendencia e inmanencia)* pone el texto de Malraux junto al del Borges de *Ficciones* («Cada escritor crea sus precursores. Su aportación modifica nuestra concepción del pasado como la del futuro») y también con las afirmaciones de Michael Baxandall *(Formes de l'intention),* quien piensa que cada artista atrae hacia sí a su precursor, porque la historia del arte se vive siempre al revés, a partir del presente. Volvemos, con Genette, a Borges y al Pierre Menard que escribió el *Quijote,* porque «un libro cambia por no cambiar mientras el mundo cambia».

¿Se puede escribir en un mundo en crisis de valores?, se atormentaba Broch, sin advertir que él mismo estaba dándonos una respuesta. Pocas novelas se han escrito tan desazonantes como las de su trilogía *Los sonámbulos: Pasenow, o el romanticismo*; *Esch o la anarquía*; *Huguenau o el realismo*. Son, sin duda, textos para un siglo convulso, que expresan, si es que existe, ese *esprit-principe* del que hablaba Chateaubriand. La imagen que el hombre tiene de su tiempo, ima-

---

1. «Hay trozos de Turner en la obra de Poussin, una frase de Flaubert en Montesquieu.» (Traducción de Consuelo Berges.)

gen de caos, de pesadilla, que sólo la mirada de sus sucesores ordena. La fórmula que nos sirvió antes para hablar de la continuidad y la revolución en las obras literarias, nos sirve ahora para enunciar la relación del hombre con los ciclos históricos.

Cuando Chateaubriand enunció su concepto de *esprit-principe* y añoraba los dulces y serenos días de antes de la revolución («*on n'a rien vu quand on n'a pas vu la pompe de Versailles*»),[1] había visto desmoronarse el *ancien régime*, había asistido al secuestro napoleónico de esa Revolución, había presenciado las guerras de Europa y aplaudido con reparos la Restauración. ¿Cabe menos certeza de valores? Pero cada generación cree ser testigo del caos primigenio al llegar a la madurez, como cree ser protagonista de la creación del mundo durante su juventud. ¿Es posible la literatura en una época en la que los valores se derrumban? Dante escribió su poema en el exilio y entre el fragor de las luchas de sus paisanos. Bocaccio despliega ante nosotros el deslumbrante universo del *Decamerón* en el decorado de una Florencia asolada por la peste, un instante en el que se diría que Dios ha abandonado el mundo definitivamente a su suerte; el *Tom Jones* de Fielding —bajo su humor— es, como el *Cándido* de Voltaire, un amargo alegato contra la religión y la filosofía en un mundo en el que se derrumban (una vez más) los valores comúnmente aceptados. Del filósofo y del clérigo de su novela dice Fielding: «Ninguno de los dos nombraba la palabra bondad en todos sus discursos sobre la moral.» Y también: «Los filósofos están hechos de carne [...] aunque tales personas piensan mucho mejor y con mucha mayor sabiduría, obran exactamente como los demás mortales.»

Y esa gran cumbre de la literatura española, que es *La Celestina*, se cierra con el estremecedor lamento de Plebe-

---

1. «No se ha visto nada cuando no se ha visto la pompa de Versalles.»

rio, el padre de la hermosa Melibea. Le dice Pleberio al mundo: «Yo pensaba en mi más tierna edad que eras y eran tus hechos regidos por alguna orden; agora, visto el pro y la contra de tus bienandanzas, me pareces un labirinto de errores, un desierto espantable, una morada de fieras, juego de hombres que andan en corro, laguna llena de cieno, región llena de espinas, monte alto, campo pedregoso, prado lleno de serpientes.» Son los últimos años del siglo XV, América acaba de ser descubierta. Portugueses y españoles luchan enloquecidos por encontrar nuevas rutas de comercio. El dinero y el sexo han perdido el pudor, se han despojado de las máscaras sociales del lenguaje y en sus sucias aguas chapotean revueltos los de arriba y los de abajo, los señores y los criados. Casi un siglo antes, ya Joanot Martorell, en *Tirant lo Blanc*, le hacía decir a uno de sus personajes: «*Veix anar aquest miserable de món rodant de mal en pijor.*» Seguir escribiendo en un mundo en crisis de valores: hablemos de la amargura de Balzac; de Victor Hugo desterrado; de Mann y de la refulgente razón burguesa herida por dos guerras; de Musil, de Svevo; del propio Proust viendo estallar las hermosas vidrieras de las iglesias y los bellos cuerpos de los soldados; de Max Aub y el exilio español, epílogo de una guerra y pórtico de otra. Del cuerpo de Lorca abatido sobre un charco de sangre. Doblin, en esa extraordinaria novela que es *Berlin Alexanderplatz*, le echa las cuentas a la muerte y nos dice que, en la ciudad de Berlín, murieron, en 1927, 48.472 personas (sin contar los nacidos muertos) y enumera 4.570 de tuberculosis, 6.433 de cáncer, y así sucesivamente. Casi dan ganas de darle la vuelta a la pregunta de Broch: ¿se puede escribir sin crisis de valores? O aún más, ¿hubo algún tiempo en el que los valores no estuvieron en crisis?

Rilke, en sus *Cuadernos*, después de hablar acerca de la muerte, escribe: «He hecho algo contra el miedo. He permanecido sentado durante toda la noche, y he escrito.» La escritura como consuelo, como defensa contra las ofensas de la vida, que nos diría Pavese años más tarde (y hay ahí un matiz que la aleja de esa función benéfica de la emoción de la que hablábamos antes, y que la aproxima a las tesis de Benjamin acerca del rencor). Pavese escribió esas palabras poco antes de suicidarse en una triste habitación de hotel, brindándonos a la humanidad con su suicidio lo que él mismo llamó «un gesto».

Claro que el consuelo ante esas ofensas procede siempre del enfrentamiento entre la idea que el hombre tiene de sí mismo y de lo que merece del mundo con lo que el mundo le da. La investigación de esa relación injusta por principio está en la base de la literatura, de la narrativa (en el supuesto de un mundo justo, sólo la hímnica, el epitalamio, la oda y tres o cuatro géneros más compondrían el catálogo de la literatura). Cada época produce su propia injusticia y necesita su propia investigación, su propia acta. Pero volvamos a asomarnos a Musil, que en sus *Diarios* nos da dos claves para entender un doble movimiento de la naturaleza de la literatura. En un momento dado, nos dice: «Montaigne "domestica" el temor a la muerte a fin de que éste no le empañe el goce de la vida, sino que lo potencie.» En otro lugar de esos *Diarios*, postula Musil «ser un científico que coloca su propio organismo bajo el microscopio y que se alegra cuando descubre cosas nuevas». Es decir, una dosis de consuelo, tal vez; pero, sobre todo, una irrefrenable voluntad de conocimiento.

Villa Gillet, Lyon, febrero de 2001

UNA NOVELA AL ACECHO

Cada época mima a determinados autores contemporáneos al mismo tiempo que escarba buscando reconocerse y complacerse en otros ya desaparecidos, a los que convierte en premonitores de los valores en curso, dando lugar a modos de leer y escribir peculiares. Se trata de una actitud generalizada, según han señalado en múltiples ocasiones críticos y estudiosos del gusto literario. Hay, sin embargo, obras que pueden tejer la ilusión de que acompañan plácidamente a sus lectores a lo largo de una vida, e incluso de varias generaciones. Otras, en cambio, nacidas en determinadas circunstancias, parecen exigirle algo excepcional al lector; se diría que sólo en momentos privilegiados acceden a comulgar con él. Entonces brillan con un fulgor.

El año desnudo (publicado por vez primera en 1922) es uno de esos libros que, nacidos en un tiempo excepcional, y denodadamente partícipes de él, parecen esperar agazapados su momento, una nueva oportunidad. Escrito en plena revolución soviética, cuando la leyenda era una maraña de horror y esperanza, compone un texto de intervención que no puede leerse sin sentir que algo se tambalea por el mero hecho de haber leído.

Borís Pilniak no intenta con su novela, como Stendhal,

poner un deslumbrante espejo a la orilla del camino. No son sus referentes –o sólo en un remoto segundo término– Balzac o Maupassant. El texto de Pilniak es una palanca, un esfuerzo sobrehumano. Pretende nada menos que conseguir un lugar en el escenario de su tiempo, cuando se representaba una gigantesca y sangrienta ópera: Primera Guerra Mundial, revolución y contrarrevolución, guerra civil, invasión extranjera.

El tema en sí debió de parecer en su momento extravagante, porque, en su libro, Pilniak no intentaba contar la biografía de un personaje, como en *Jude el oscuro*, ni los vericuetos de una ambición, como en *El rojo y el negro*, ni la historia de una búsqueda como en *Moby Dick*, o en *El corazón de las tinieblas*. El joven autor ruso (tenía veintisiete años cuando apareció el libro) se empeñaba en la construcción, más intensa que extensa, de un año en la vida de la recién nacida Unión Soviética: una construcción vertical, que recogía los signos celestes y los telúricos, y también horizontal, el corazón de las ciudades y la lejana infinitud de bosques y estepas: 1919.

En un libro posterior, *Caoba* (publicado en 1929), Pilniak definía así ese «año desnudo» del que se ocupa en su anterior novela: «...el año diecinueve, cuando todo se poseía en común, tanto el pan como el trabajo, cuando no existía ni pasado ni futuro, cuando reinaban las ideas y no el dinero; un periodo histórico vuelto de pronto inútil». Un decenio había bastado para corromper y paralizar la leyenda y las palabras de Pilniak se habían teñido de melancolía. En *El año desnudo* había escrito: «No había pan. No había hierro. Había hambre, muerte, horror y terror. Corría el año diecinueve.»

La aparición del libro constituyó en su momento un gran éxito. *El año desnudo* pasó a formar parte de las consideradas joyas novelísticas de la revolución soviética, como *Ca-*

ballería roja, de Babel, o *La guardia blanca,* de Bulgákov. Pilniak, hijo de pequeñoburgueses, había nacido cerca de Moscú y había empezado a moverse en el agitado mundo literario ruso en 1915, en plena guerra. Tras el enorme éxito de *El año desnudo* y su resonancia en los activos círculos intelectuales que se planteaban la necesidad de que arte y revolución debían ir de la mano, puesto que buscaban idénticos fines liberadores, viajó como embajador literario soviético por Alemania, Japón, Inglaterra y Estados Unidos, en una corta etapa de luna de miel con el recién instaurado régimen.

En su obra, Pilniak había intentado sumarse a ese impulso. Su libro había convulsionado a los jóvenes escritores revolucionarios. Su estética arraigaba en el simbolismo: Pilniak consideraba como maestro a Biely *(Petersburgo),* un autor en el que el simbolismo derivaba hacia una peculiar e inquietante forma de definición de lo ruso desmesurada, terrible y contradictoria, cuya verdad habrían percibido mejor Gógol o Dostoievski que el propio Tolstói. En el simbolismo de Biely había que rastrear los antecedentes de esa potencia verbal y destructiva de *El año desnudo* que había emborrachado a sus lectores.

La bonanza del éxito duró poco tiempo en la vida de Pilniak. Apenas cuatro años después de la edición de *El año desnudo,* publicó *Historia de la luna no apagada,* un libro por el que empezaron a lloverle las críticas, que arreciaron en 1929, cuando apareció *Caoba,* en Berlín, porque en Moscú había sido prohibida. El destino de Pilniak se separaba del de Babel y se mezclaba con el de Zamiatin, que por entonces sufría violentos ataques.

Zamiatin se exilió y Pilniak decidió permanecer en la Unión Soviética, retractándose con una novela en la que se loaba la industrialización *(El Volga desemboca en el mar Caspio,* 1930) y con una sátira antiamericana *(O'Key),* publicada en 1933. Pero, para entonces, ya se había convertido en un personaje demasiado incómodo para los advenedizos de la revolución. No en balde había hecho decir a cierto protagonista de *Caoba*: «Bueno, si no ahora, cualquier día de éstos te expulsarán; expulsarán a todos los leninistas y a todos los trotskistas.» En 1937, Pilniak ingresaba en un campo de concentración en el que murió poco tiempo más tarde, no se sabe si víctima de alguna enfermedad o ejecutado. Ya nada quedaba de aquello que le había hecho exclamar: «Sobre la tierra ha pasado la purificación más grandiosa: una revolución. Tú no sabes qué hermosura.»

«¡Todo ha muerto! Pero qué gran verdad ha llegado sobre la tierra!» *El año desnudo* es la historia de esa gran verdad que se imponía llevando la muerte, la enfermedad, la miseria y el hambre, con el esplendor con que los traería en la punta de su espada un hermoso ángel exterminador. *El año desnudo* es la narración de ese gran sufrimiento, de esa inmensa purificación que pasa por todo, que arrasa con todo, incluida la forma de escribir.

Para Pilniak, la revolución no es sólo un movimiento social, un enfrentamiento entre ricos y pobres: se trata de una ola imparable que polariza y compromete a todos los elementos de la existencia, a la naturaleza entera, que se agrupan bajo el doble campo semántico luz-oscuridad. La revolución es la luz que rompe las sombras húmedas de las moradas de los nobles, inundándolas. Es también esa luz roja que llega ensangrentada al amanecer. Y de esa oposición entre luz-verdad y sombra-mentira emerge una Rusia que permanecía oculta bajo los maquillajes con que la pintarrajeó el siglo XVIII.

La revolución, para Pilniak, es la verdadera Rusia, su impulso poderoso que se levanta como el lomo de un animal enorme y que rompe con cuanto se cargó artificialmente sobre sus espaldas desde los tiempos de Pedro el Grande. Es el triunfo de la barbarie asiática frente a la europeización, un hojaldre frágil servido en ciertos lugares (las ciudades) y una máscara de teatro asumida por algunos actores sociales (la nobleza).

Pilniak reclama la identidad entre lo asiático y lo puro y construye una mitológica ciudad china, que sigue viviendo en algún perdido lugar de la memoria rusa y que la revolución ayudará a encontrar como un Eldorado o una Jerusalén. La revolución es la puesta en marcha de quienes viven en las chozas en el fondo de los bosques, de los santos y locos, de los desheredados de las ciudades, de la eterna voz de Rusia que se escucha también en las ramas de los árboles y en la superficie de la tierra. Es un impulso sexual, que huele a órganos y cristaliza en forma humana en los bolcheviques (los chaquetas de cuero), ángeles de la purificadora destrucción que levantan su bandera ensangrentada –roja– sobre tanto dolor, sobre el hambre, los parásitos y las enfermedades contagiosas. Los «amaneceres purpúreos, como la sangre y el fuego».

El viento muge en las estepas y anuncia el advenimiento. «¡Todo nace con sangre, todo en sangre roja! ¡Y la bandera es roja! [...] ¿No oyes cómo alarida la revolución como una bruja en la ventisca? Escucha: ¡Gviuú, gviuú, shooiá, shoooiá... gaau! Y el silvano tamborilea: ¡gla-vbum!, ¡glavbuum! Y las brujas, barre que te barre por detrás-delante: ¡kvart-jós! ¡kvart-jós!... Y el viento, y los pinos, y la nieve: shoiá, shooiá... jmuuú... Y el viento: gviiuuú...»

El viento reproduce en forma de onomatopeya las siglas de los organismos del nuevo poder soviético. Todo participa de ese solsticio vernal que es la revolución; de esa plenitud de los frutos en espera de la cosecha. La literatura –en este caso, la novela– no puede quedarse al margen del gran cataclismo: al fin y al cabo, ¿qué otra cosa son los sentimientos cristalizados (lo viejo), sino construcciones verbales? La literatura no puede ser ya más constructora de lo viejo: ha de pasar entre las palabras y las formas establecidas como ese viento aullador de las estepas y desmoronar el castillo de sombras como un castillo de naipes.

El año desnudo se convierte así en una anunciación literaria. Cae la trama narrativa burguesa: la historia como aventura individual, o como suma del devenir de los individuos. Cae la frase como soporte de orden. Se narra un movimiento colectivo que roza lo sísmico. Se rompen las viejas cristalizaciones y se esparcen sus pedazos entre los desesperados.

Un crítico francés, Georges Nivat, ha afirmado que la obra de Pilniak es «un cuadro que no se sabe desde qué distancia hay que mirar» y también que «a veces da la impresión de que se trata más bien de materiales para una obra que de la obra misma». Pienso que no es verdad. Cuando se miran *El año desnudo* o *Caoba* como cuadros abstractos, uno se olvida de que sus repeticiones, alteraciones, frases de difícil comprensión y probablemente imposibles de traducir, sus zonas oscuras, o su fractura permanente y dispersión de las acciones, obedecen a un impulso firme, unívoco, a un proyecto totalizador: el dolor de un parto descomunal y, al mismo tiempo, la terrible resistencia del muerto a ser enterrado.

La trama se sitúa en el propio impulso verbal, en el esfuerzo de ese parto: ahí se unen la historia familiar de los aristócratas podridos por el tiempo y la sífilis, la de los bolcheviques fértiles, la de los iluminados buscando la pureza de la nada entre los bosques. Y también el movimiento de los trenes repletos de enfermedad, basura y muerte, el de las ramas de los árboles con su sonido, el de las estrellas silenciosas en el cielo, o el del sol con su roja aureola de sangre y esperanza. Gotas que se mueven en la misma dirección, formando la gigantesca ola: «Sobre la tierra ha pasado la purificación más grandiosa: una revolución. Tú no sabes qué hermosura.»

Pilniak es una esponja que hincha su libro con estas simientes en apariencia dispersas, y también con todas las técnicas narrativas aprendidas en los distintos movimientos literarios en los que ha participado durante su formación como escritor. Conoce y admira la técnica del montaje cinematográfico de Eisenstein: sabe contar lo desmesurado deteniéndose en lo mínimo. Al fin y al cabo, el cine, por entonces, poseía una ambigua y compleja fuerza en estado virginal y era poco menos que el símbolo del arte de los nuevos tiempos: arte y electricidad, podría decirse del cine, parodiando la frase de Lenin acerca de lo que era el comunismo.

Porque Pilniak, a pesar de su profundo antieuropeísmo, no duda en considerar la máquina como un gran elemento renovador por el que se siente subyugado. La máquina de tren, con su vientre hinchado y ardiente, es una materialización de la potencia revolucionaria. Pilniak comparte esa admiración con los futuristas, como hereda en su deslumbrante explosión verbal elementos del simbolismo. Está abierto a todos los vientos de ese gran viento: y su descomposición de la trama tiene que ver con obras constructivistas como las del pintor Malévich, y su interés por hacer intervenir a los elementos de la naturaleza en la acción, con lo que será el expresionismo. La prosa de Pilniak se lee, pero también se escucha, ensordece, destella, ciega: obedece al proyecto de invasión total. Entra en el lector y lo hace estallar en mil pedazos. No soporta que alguien siga siendo el mismo después de haberla leído.

Siete años después de haber publicado este gran libro de la destrucción y la esperanza que es *El año desnudo*, Pilniak daba a luz, con *Caoba,* una historia de comerciantes y arribistas que buscan entre las ruinas las antigüedades y las viejas piezas de arte sobrevivientes del gran cataclismo para restaurarlas y vendérselas a los recién enriquecidos. Si *El año desnudo* es el libro de la destrucción, *Caoba* es la novela de la restauración, del rescate de los caducos valores que el huracán de la historia parecía haberse llevado consigo, del aniquilamiento y asfixia del gran impulso originario.

Hoy, setenta años más tarde, no me cabe duda de que a Pilniak ha de resultarle difícil encontrarse con su lector. Los restauradores han vuelto a colocar las pulidas molduras en su sitio y la aventura del arte como palanca o explosivo parece definitivamente enterrada, mientras crecen con una mezcla de fuerza e indolencia los valores literarios más cercanos a los que imponían los códigos decimonónicos y vuelve el blando fluir de la narración como buena compañera de los sentimientos individuales.

Como síntoma de la estabilidad de los nuevos-viejos valores se reedita el *Doctor Zhivago*, de Pasternak, y se venera la perfección de Nina Berberova, por hablar de autores cercanos a aquella gran convulsión de *El año desnudo*. Bulgákov, Biely o Pilniak se han quedado reducidos a pequeñas piedras, a accidentes que se encontró la literatura en su camino y que, una vez superados, la han devuelto a su papel de fiel y apacible acompañante, de buena amiga complaciente.

La edición de un libro como el de Pilniak en un momento así resulta, por tanto, arriesgada. Es una lectura que produce un gozo peligroso, una rara ansiedad. Mientras nos hundimos en las páginas del libro, nos esforzamos en pensar que trata acerca de una experiencia que ha quedado enterrada a nuestras espaldas, pero no podemos impedir la sensación de que, sin embargo, nos llama desde muy adelante, desde un horizonte aún lejano. Hurga en heridas olvidadas y nos habla de que nuestra paz es el disfrute de una derrota. Se convierte en leyenda, en destello futuro de algo que un día fue posible. 1919.

Madrid, 1993

LA RESURRECCIÓN DE LA CARNE

Francis Bacon pintó en 1968 el *Retrato de George Dyer en un espejo:* un hombre sin rostro, tortuosamente sentado en una silla situada en el centro de una redonda moqueta azul se asoma a un espejo, o pantalla, que le devuelve su cara escindida. El cuadro (Bacon hizo más de veinte retratos de su amigo) fue pintado cuatro o cinco años después de que se iniciara su relación sentimental con el modelo (parece que se conocieron hacia el sesenta y tres o sesenta y cuatro) y tres antes de que Dyer se quitara la existencia en el cuarto de baño de un hotel de la rue des Saints Pères de París. La relación entre Francis Bacon y George Dyer fue en todo momento tensa, desgarrada. Dyer era ingenuo, egoísta y brutal. Francis, caprichoso, arbitrario, a veces intolerante, sentía por él una mezcla de deseo, afecto y rechazo. George era físicamente más fuerte, pero fue él quien no pudo soportar la relación: se suicidó precisamente el día en que el pintor vivía uno de los instantes decisivos en la escalada hacia el reconocimiento de su obra, la inauguración de su exposición en el Grand Palais, que supuso algo así como su consagración mundial como un clásico de la pintura. Los biógrafos de Bacon han visto en el suicidio de Dyer una forma de venganza, un castigo que le infringía a su amigo, triunfador y famoso;

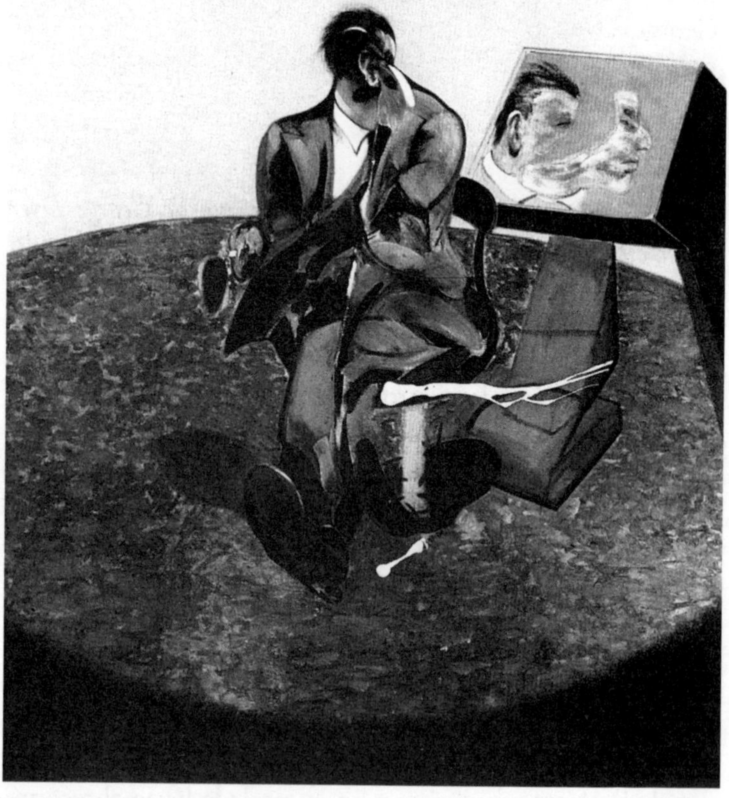

una forma de capturar parte del protagonismo del pintor en su día de gloria. En todo suicidio hay algo de eso, y, en eso, hay una petición de amor desesperada, infantil. Uno hace trampas cuando, conociendo el desenlace, lee retrospectivamente los signos que han conducido hasta él. Por eso, me parece un tanto tramposo que algunos comentaristas y críticos de arte hayan querido ver en este retrato de George Dyer, en ese rostro que parece huir del personaje para arrojarse sobre el espejo, una premonición de lo que iba a ocurrirle al modelo: su final violento. Yo creo ver más bien alguna de esas otras cosas de la relación que he enunciado, la dualidad entre deseo y desprecio, entre pasión y aburrimiento. Un retrato no profetiza, indaga. Creo ver la fuerza de Bacon por encima de la de Dyer. Pero qué tiene que ver quién fuera Dyer o la relación que tuviera Bacon con Dyer con un cuadro, con un conjunto de pinceladas organizadas sobre la superficie de un trozo de tela.

Algunos de ustedes, a quienes gusta la pintura, se lo preguntarán. ¿Por qué buscar fuera del cuadro? Yo tendría que darles en parte la razón, porque también creo que un cuadro o un libro son lo que son y me fastidia muchas veces el fetichismo con el que se envuelve y desde el que se venera la vida de los artistas y que lleva a mucha gente a mirar sus actos como si se tratara de vidas de seres privilegiados, de héroes, de santos; me irrita el modo como algunas personas visitan los lugares en los que vivieron los artistas, interrogan a sus conocidos, guardan los objetos que utilizaron, pujan por ellos en las subastas y hasta pagan sumas astronómicas: el pincel, la mesa, el caballete, la pluma. Ahora mismo, me he enterado de que se va a trasladar el estudio que Bacon tuvo en el número 7 de Reece Mews, en el distrito londinense de South Kensington, a su Irlanda natal, a Dublín. No puedo dejar de pensar en esa tradición de relicarios conteniendo objetos sagrados, que tan odiosa me ha parecido siempre. Si el arte es trabajo, sus circunstancias deberían parecernos secundarias: nadie guarda el periódico con el que envolvió el bocadillo el fontanero que hizo la obra de nuestra casa, y que tanta utilidad nos depara; nadie, un pedazo de madera del andamio en el que se subió el albañil. Aunque ya sé que el arte se reclama como otra cosa, puesto que aspira a crear sentimientos de totalidad, que tienen que ver con el sentido de la existencia (el médico, el fontanero, el albañil resuelven problemas concretos), y, por eso, los artistas suelen provocar en nosotros un interés especial.

Coleccionar las cosas de los artistas. Hablar de ellos. De sus cuadros. A mí, como escritor, me resulta torturante responderle a alguien de qué trata un libro mío. Un libro dice lo que dice desde que empieza en la primera línea hasta que acaba en la última. A Bacon también le molestaba que con sus cuadros se hiciera otra cosa que no fuera mirarlos. Lo expresó con estas palabras: «La pintura constituye en sí su propio lenguaje, y cuando hablamos de ella, estamos realizando una traducción inferior.» Pero Bacon leía a Elliot y a Cocteau y es posible encontrar huellas de ambos en sus cuadros. Yo he mirado a Bacon. Incluso hubo un tiempo en el que fue mi pintor predilecto, el que mejor me enseñaba a mirar desde el presente la historia de la pintura. Hay referencias a él en mis novelas, algunos personajes inspirados por él. A mediados de los ochenta visité la exposición que montó en la Galería Lelong de París, en la rue Teheran, y compré algunos pósters que han colgado de las paredes de las tres casas en que he vivido desde entonces. A lo mejor, no se trata de traducir a palabras, sino de poner en relación unas cosas con otras. Relacionar la historia de Bacon y Dyer. Mi propia historia con la pintura de Bacon. Preguntarme por qué me sedujo durante años.

Pero empecemos por el principio. No es por fetichismo por lo que me he puesto a hablar aquí de quién fue George

Dyer y de lo que imaginamos que significó en la vida de Bacon, sino porque estamos ante un retrato, y el retrato, en pintura, es un género, con una historia y una tradición, y unas técnicas; con una convención, según la cual sobre la tela se resuelve la relación entre el modelo y el pintor. Es decir, y siempre según esa convención, el pintor convierte en pintura el cuerpo (la carne) y el alma (los sentimientos) del retratado, siendo él mismo el intermediario. Claro que esa intermediación es más compleja que la que ejerce quien pone en contacto a una persona con otra con cualquier fin, porque la pintura no está hecha de carne, sino de pintura, y la intermediación del retrato se ejerce entre dos personas –retratado y retratista–, pero se materializa en algo que es humano, porque es fruto del trabajo y el arte de una persona, pero que al mismo tiempo no lo es, porque está fuera de ese ser: es un objeto que existe fuera del pintor y del pintado, y que seguirá existiendo incluso cuando ellos ya no existan.

Hemos hablado de técnicas. El retrato es fruto de la técnica del pintor: la técnica del pintor pesa en esa concreción, en ese objeto, pero a estas alturas ya sabemos –no sé si más que nunca, porque el saber artístico no se desarrolla por superación– que la técnica no está relacionada sólo con sus aptitudes, con sus logros y limitaciones, sino también con un complejo sistema de elecciones. El pintor no sólo sabe poner las pinceladas de uno u otro modo, sino que elige ponerlas de un modo o de otro: y a esa elección es a lo que llamamos el punto de vista, la manera y el lugar desde el que mira el objeto que quiere retratar. Por eso, el retrato puede acabar reflejando tanto al retratado como a quien lo retrata. Lo dijo Bacon cuando expresó su opinión acerca de lo que para él constituía el realismo, del que se declaraba heredero, y que era (en sus propias palabras) «un intento de capturar la apariencia junto con el cúmulo de sensaciones que esa apariencia excita en mí».

La mayoría de los grandes pintores de los últimos quinientos años, y hasta principios del siglo XX, pintaron retratos en algún momento de sus vidas. Algunos pintaron, sobre todo, retratos. Rafael, Van Dyck, Tiziano, Velázquez, Ingres, Rubens, Rembrandt o Goya fueron grandes retratistas. Para ellos, el retrato formaba parte de su trabajo. Continuaban con su trabajo una tradición que, sobre todo desde el Renacimiento, recogió el ansia de perdurar de sus clientes: papas, reyes, nobles y comerciantes quisieron ser retratados. Pagaban a los artistas para que dejaran su imagen en un lienzo. Incluso muchos de los propios artistas quisieron utilizar ese poder que tenían para dejar su imagen a la posteridad. Rembrandt, Velázquez o Goya nos dejaron sus autorretratos. Algunos, como Rembrandt, lo hicieron en distintos momentos de su vida, permitiendo que, aún hoy, podamos ver las marcas que el paso del tiempo fue dejando en su rostro. Bacon citaba a Cocteau: «Mírate toda tu vida en un espejo y verás a la muerte afanándose como las abejas en una colmena transparente.» Su propia imagen reflejada en un espejo hizo que Cocteau nos legara esa frase que Bacon relacionó con Rembrandt y que nos ayuda a nosotros a hablar de la obra del propio Bacon poniéndola en relación con las páginas que escribieron los escritores del barroco español. A lo mejor no se trata de traducir un cuadro a otro lenguaje, sino de leerlo poniéndolo en relación con otros sistemas.

 La función del arte del retrato ha sido, en la tradición occidental, cristalizar una ilusión de vida. Y cuando los pintores a los que nos hemos referido pintaron retratos, el género formaba parte de la normalidad pictórica. El retrato era una elección de género entre otras: uno podía ser pintor religioso, de escenas de costumbres, de paisajes. Pero esa elección de género que en cierto momento de la historia era casi mecánica, ya no tenía el mismo significado cuando Bacon pintó a Dyer en 1968, por eso conviene recordar que, hace treinta años, los pintores más vanguardistas, y Bacon pretendía serlo, habían abandonado en su inmensa mayoría ese «intento de capturar la apariencia junto con el cúmulo de sensaciones que esa apariencia excita» en el pintor, al que se refería el propio Bacon cuando expresaba lo que él creía que era el realismo. En 1968, los informalismos, en los que la pintura se despega de esa búsqueda de la apariencia y rompe el diálogo con el exterior del arte para hacerlo consigo misma, dominaban de uno u otro modo buena parte de las tendencias en alza. Ser un pintor realista ya no formaba parte de la normalidad de la vanguardia.

Bacon, en sus comienzos, había ensayado esa pintura abstracta, pero luego había renegado de ella, destruyendo sus propias obras. Los diseños puramente formales los había dejado para sus tapices, alfombras o pañuelos. Y lo había hecho así porque quería un arte que, además de connotar, denotara, y por eso, que un hombre ligado a las vanguardias y atento al arte de su época (ya hemos aludido a que incluso fue diseñador de tapices, también de muebles) se decidiera por pintar retratos en los años cincuenta y sesenta, no significaba un gesto normal, mecánico, como lo había sido en los retratistas tradicionales que hemos citado, sino una elección que rozaba lo extraordinario.

Pintar retratos en 1968 suponía tomar posiciones a contrapelo ante las convenciones dominantes en las vanguardias de aquel tiempo: asumir que, tras las experiencias radicales del primer tercio de siglo, la pintura podía volver a mirar y no a mirarse, lo que significaba, a la vez, mirar hacia atrás, hacia todos esos grandes nombres que he citado. Tenía que hacerlo, pero tenía que hacerlo sin renunciar a mirar hacia delante para no caer en la repetición de los viejos modelos, en el kitsch que practicaban los pintores de escuela. Releer a los clásicos. Repintar a Velázquez. Lo hizo con sus variaciones sobre el cuadro del papa Inocencio X. Lo hizo, sobre todo, reinventando los modelos. Cada pintor busca a sus precursores. Bastantes críticos vieron en esa posición de Bacon una actitud conservadora.

Pero, al contrario de lo que habían hecho sus admirados antecesores, que buscaban pintar a partir de lo real, a Bacon no le gustaba trabajar ante un modelo, sino ante fotografías de ese modelo, ya que decía que la presencia del retratado los coartaba tanto a él como al modelo. La fotografía le permitía capturar por sorpresa el gesto y luego trabajar en libertad (de hecho, en sus variaciones sobre el Papa, el cuadro de Velázquez jugaba el papel de la instantánea fotográfica). No era raro que encargase a algún conocido que hiciera unas fotos del personaje al que quería retratar y que él trabajara luego a partir de las fotos, lo que suponía ya un significativo distanciamiento de sus precursores. Los retratos de Bacon son, en parte, hijos de algo que esos grandes autores citados no habían conocido, la técnica fotográfica, con su capacidad para detener el instante que el ojo es incapaz de capturar.

También había asimilado Bacon las enseñanzas de ciertas escuelas pictóricas que se impusieron mientras él era un adolescente (el expresionismo y el cubismo). A Bacon le molestaba que se le relacionase con ellas, pero cualquier aficionado a la pintura descubre la influencia de los cubistas en la forma en que el cuerpo de Dyer se nos ofrece, a la vez de frente y de perfil, dominante y seguro, con un zapato que parece a punto de pisar al espectador, y, a la vez, frágil y agitado, con toda la parte derecha de su cuerpo como disolviéndose por debajo del traje, mientras la izquierda, la que termina en ese autoritario zapato, parece moverse con decisión enérgica. John Russell, uno de los autores que ha estudiado a Bacon, dice que la emoción que nos brinda la pintura de Bacon (para Russell superior a la de los cubistas) estriba en que no nos ofrece un paseo a través del personaje visto desde distintos ángulos, sino que nos brinda una sobreimpresión de estados, una totalidad, con lo que el carácter de la persona representada se nos ofrece con radical intensidad. La influencia de los expresionistas la vemos en la condensación, distorsión o exageración que lleva a cabo de ciertos rasgos (ese muñón de la mano izquierda de Dyer sosteniendo un cigarro nos transmite una sensación de lucha del modelo consigo mismo, transmite dolor), y la vemos también en la textura, en la rugosidad de las pinceladas, que había aprendido Bacon no sólo de los expresionistas, sino también de ciertas formas de la abstracción y del *action painting* (podríamos hablar de Pollock). Para subrayar esas texturas, a Bacon le gustaba pintar en el envés de la tela.

Digamos que, cuando Bacon pintó el retrato de Dyer (cada vez que pintaba un retrato), además de pintar a su amigo hacía una declaración de principios. Nos mostraba su técnica, no entendida como conjunto de habilidades, sino como lugar desde el que se mira. Todo pintor, todo artista busca un camino u otro, y esa elección y no otra es su forma de respuesta a los problemas que el arte plantea en cada momento, que no son problemas sólo de técnica, sino de espacio mental, moral. Bacon, en este retrato, repite un tema clásico de la mitología, el topos de Narciso que se contempla a sí mismo en las aguas azules de un lago; pero también un tema que ha formado parte de la convención pictórica: alguien que se mira en un espejo (la propia *Venus* de Velázquez) y el espejo sirve para completar lo que la visión frontal del modelo nos oculta (además de en la *Venus*, donde la posición de la modelo nos oculta la cara, en *Las meninas* se sirve de esa misma técnica). Sobre esos dos tópicos investiga nuevos caminos. Bacon pintó a Dyer ante un espejo, o por mejor decir, en un espejo. Velázquez pintó a Venus, la diosa del amor, sensualmente tumbada ante un espejo. Dyer está sentado en una silla de moderno diseño y contemplándose en un espejo que parece más bien una pantalla de televisión.

Alguien que se asoma sobre sí mismo como Narciso. Se mira a sí mismo, en vez de mirar hacia fuera. Pepiatt, el biógrafo de Bacon, nos cuenta cómo al pintor le interesaba profundamente el comportamiento de los simios precisamente por esa capacidad para mostrar interés hacia sí mismos con una naturalidad y un placer que raramente vemos en los hombres. También los simios, como los hombres, contemplan asombrados su propia imagen que refleja el espejo. Narciso es ese ingenuo y feroz egoísmo de los primates y los niños.

Decíamos que hablar es relacionar. Prosigamos con el tema del espejo, aunque para hacerlo tengamos que saltar de campo lingüístico. Hablemos del realismo en literatura, que tuvo en el siglo XIX su más esplendoroso momento. Citemos a Stendhal. Stendhal habló de la novela como de un espejo que se pone al lado del camino, y algo de eso parecen ofrecernos los retratos que pintó el amigo de Bacon, Lucien Freud, en los mismos años en que Bacon pintaba a Dyer, o al propio Freud. Freud pinta esos cuerpos que parecen reflejos especulares de cuerpos que hemos conocido; esa luz que nos hace recordar la luz que ha inundado habitaciones en las que hemos vivido, o que hemos visitado. Por su parte, Bacon, al contrario que Freud, en este *Retrato de George Dyer en un espejo* revisa a Stendhal, no importa si involuntariamente. En primer lugar, la figura reflejada en el cuadro ha sido mutilada y distorsionada por el pintor (no es, en absoluto, fiel reflejo de la realidad visible), pero es que, además, esa figura es distinta de la que aparece en el espejo. El espejo refleja el rostro de alguien que no parece tener rostro. Bacon rompe doblemente el código de la convención del retrato, primero con el espectador y luego con la propia gramática del cuadro, con su lógica. Bacon juega aquí a que el espejo sea no sólo deformante, como le pedía Valle-Inclán al espejo del Callejón del Gato en sus esperpentos, sino que, además, muestre cosas que la realidad no nos enseña. En este cuadro, el yo del pintor se convierte en dictador que organiza la realidad interviniendo en el juego de sucesivas representaciones. Ni el personaje del cuadro es el reflejo del modelo, ni el que aparece en el espejo es el reflejo del personaje. ¿Es eso la negación del realismo, como llegó a decir Giulio Carlo Argán? Porque, al mismo tiempo que hace intervenir al yo de una forma dictatorial en la realidad, a la manera en que Kafka lo había hecho medio siglo antes en su literatura, piensa Bacon que sólo desde la realidad puede el artista levantar su arte. De hecho, en una entrevista que le hicieron en 1963, dijo: «El arte abstracto es la libre fantasía de nada. Nada surge de la nada. Se necesitan imágenes concretas para despertar los sentimientos más profundos.» En otra ocasión, llegó a decir: «El virus de la decoración lo está contaminando todo.» Nuevo realismo llamaron algunos críticos a su pintura y a la que, contemporáneamente, estaba haciendo su amigo Lucien Freud. Pero el camino de Bacon se deslizaba por el filo de la navaja. John Berger comparó el distorsionado mundo de Bacon con los dibujos tontamente caricaturescos de Walt Disney. Y Giulio Carlo Argán, aunque entendió muy bien su papel como una explosión de «ira sorda contra la persistente "hipocresía victoriana"», comparando su obra con la de Samuel Beckett, e incluso con el teatro de la crueldad de Antonin Artaud, condenó, sin embargo, su función social y negó que la pintura de Bacon tuviera nada que ver con el realismo: «Acelera la disgregación bloqueando la perspectiva, quitando el aire; retuerce bajo una luz despiadada los cuerpos que se asfixian», dijo, analizando con agudeza su técnica, pero apostilló: «Es casi increíble que las izquierdas intelectuales del continente tomaran como revolucionaria esta exasperada moral que liga al hombre con el pecado y le niega el derecho a la esperanza y que, por el mero hecho de vislumbrar su figura fantasmagórica, saludaran como restauración de la pintura figurativa lo que era, en cambio, su despiadada condena.»

Sin embargo, Bacon había dicho: «El tema de mi pintura es la historia de la Europa de mi tiempo.» Entendida así, en su pintura las convulsiones de la vida pública de una Europa recién salida de la guerra, se expresaban en dolorosos y asfixiantes y privados espacios cerrados. Cambiemos otra vez nuestro código, porque las palabras de Bacon nos traen a la mente la reflexión de Balzac: «La novela es la vida privada de las naciones», decía Balzac. Las grandes tragedias, la guerra, el holocausto inspiraban ese bestiario de seres torturados, desollados, que desfilan por los cuadros, ese macabro matadero: una geografía ininterrumpida del dolor. Las pesadillas de un tiempo coaguladas en imágenes. A la vez que su propio dolor y su propia forma de injusticia, cada tiempo posee su propia mirada, su manera. Hemos citado a Kafka, a Beckett. La vida privada de un tiempo de sufrimiento, las dolorosas pesadillas de una época. El crítico de arte Robert Hugues habló de la capacidad de Bacon para inspeccionar las encías y la saliva de una boca vociferante del mismo modo que Monet inspeccionaba una hoja de nenúfar. Entre los cuadros de Monet y los de Bacon mediaban sólo algunas décadas y unas cuantas guerras. En la mirada de Bacon la pintura había perdido una vez más la inocencia.

No creo que tuviera razón Argán al hablar de la inutilidad social de Bacon: seguramente encontraba su pintura depresiva, individualista, poco capaz de organizar aspiraciones colectivas, pero me da por pensar que ésa era una visión estrecha, porque el arte no sirve ni debe aspirar a servir para organizar nada, sino para crear imaginarios desde los que la sociedad toma formas. Digamos que no actúa directamente, sino por ósmosis, por capilaridad, y que su peso se mide a largo plazo, en la medida en que forma o no parte de los materiales con los que se construye el archivo de la sensibilidad de una época. ¿Son o no son las imágenes de Bacon tenebrosos destellos de nuestro tiempo? ¿El cuerpo retorcido de George Dyer tiene algo que ver con nosotros? ¿No ha construido Bacon parte de nuestro imaginario colectivo, si no de nuestras aspiraciones? Claro que los retratos de Bacon atentan contra el concepto de retrato como espejo. Son, en parte, aullido, a la manera de Munch, que tanto influyó en él, como influyeron en él los rostros desencajados que aparecen en algunos de los planos más dramáticos de Eisenstein en *El acorazado Potemkin;* pero son, sobre todo, investigación acerca del dolor y la crueldad y de la continuidad de lo animal y monstruoso en lo humano, que tan bien habían probado los años del nazismo y la guerra europea. El ser humano guarda en algún lugar de sí mismo la memoria genética de la bestia.

Para Bacon el retrato no es la reproducción de alguien que se viste, peina y posa para el retratista, y que el retratista se esfuerza por representar como miembro de un estamento, de una clase, protegido en su cómoda posición social, orgulloso de convertirse en una imagen modélica cristalizada para la eternidad (ésa había sido la función del retrato que se suponía realista: retratos de reyes vestidos de rey, de soldados vestidos de soldado, de burgueses vestidos de burgués, de padres y madres de familia rodeados de hijos y actuando como padres y madres de familia). Bacon plantea el retrato como una forma de conocimiento, de indagación, y no como una forma de representación; lo plantea como una investigación: que ante nuestros ojos estallen confusa y luminosamente todos los átomos del retratado, lo de dentro, lo de fuera, lo que lo rodea. En ese espacio estético, si los retratos de Bacon se convierten de manera premeditada —y por su sola existencia— en una provocación ante las tendencias del informalismo, tampoco se ajustan a los viejos conceptos de representación y parecido. Bacon, con su atrevimiento, o sea, al atreverse a demostrar que se pueden seguir pintando porque la pintura aún tiene espacios que cubrir en la anatomía y en la psicología humanas, pone el dedo en la llaga de una de las mayores dejaciones del arte contemporáneo: la renuncia por parte de los informalismos a proseguir ese diálogo con el cuerpo humano que el arte inició hace varios milenios, renuncia que podríamos definir como un verdadero cataclismo en el juego de códigos y funciones artísticos. Al pintar el cuerpo, Bacon cataloga y archiva a los informalismos, los arrincona como pintores de sensaciones, o de ideas, por decirlo de una manera un tanto orteguiana; los rebaja a pintores de género, de un género. Les pone un sello y los embala. Los contempla altivamente desde arriba, como representante de un nuevo asalto en la larga e imposible marcha del artista como conquistador de la totalidad del mundo. Como «deicida», que dijo Vargas Llosa en cierta ocasión al hablar acerca de la aspiración narrativa de García Márquez.

El arte abstracto ha expulsado de la pintura contemporánea al cuerpo humano, ha dimitido de la relación del pintor a través de su pintura con el cuerpo humano, y justamente el restablecimiento de ese diálogo es uno de los ejes centrales de la pintura de Bacon, como lo fue, por otro camino, de la de Lucien Freud. Por cierto, que esa renuncia se nos aparece aún hoy como un vacío todavía irresuelto por las nuevas tendencias: las cada vez más frecuentes performances e intervenciones de los artistas de las dos últimas décadas sobre el propio cuerpo –mutilaciones, maquillajes, gestualidad– parecen expresar la melancolía de una memoria, la necesidad del arte de mantener de uno u otro modo el contacto con la carne, el diálogo artístico con el peso del hombre y no sólo con su levedad.

El peso del hombre. Bacon entiende el ser humano desde una forma extrema de materialismo. Para Bacon, como para sus admirados Ingres, Rubens, Soutine, o el Rembrandt de madurez, la carne constituye el homónimo del ser, «la sustancia básica de la vida», tal y como escribió el crítico Sam Hunter para el catálogo de la exposición del pintor en Washington. Esa sustancia básica será, en Bacon, además, continua, única; una sola carne conforma las distintas partes del cuerpo, en confusión unos miembros con muñones o trozos de otros, unos volúmenes con otros, unas texturas con otras, sin distinción de espacios nobles o innobles, todo impregnado por el flujo de los fluidos: saliva, carne, semen, formas iguales y cambiantes de la carne, confusión de funciones, que se prolongan indistintamente entre los seres humanos y las otras especies de animales —más o menos monstruosos— que aparecen en sus cuadros. Los seres humanos de Bacon parecen con frecuencia animales desollados y los animales eviscerados adquieren la categoría de víctimas, de mártires. Incluso los seres monstruosos, en sus rasgos más inquietantes, poseen rasgos crudamente humanos. Músculos, venas, piel, esfínteres, bocas, dientes, sangre; lo motor, lo circulatorio, lo digestivo y lo sexual confundidos. De esa visión pictórica de Bacon surgió uno de los personajes más siniestros de mi libro *La caída de Madrid*, un torturador asustado por los cambios que en su vida pueden producirse a la muerte de Franco y que compara el cuerpo abierto de un cerdo, con sus vísceras al aire, con el de un ser humano en la sala de autopsias. Cualquier guerra, cualquier acto de tortura ponen al día, renuevan el pacto de continuidad entre el hombre y la bestia.

Pero volvamos al retrato de Dyer, porque hemos hablado del poder de la carne en la pintura de Bacon y, sin embargo, en este cuadro pintó a su amigo vestido (buena parte de los retratos que Bacon hizo de Dyer lo representan desnudo o semidesnudo). El modelo está rigurosamente cubierto por un traje, pero no por eso el cuadro renuncia a expresar con intensidad la omnipresencia de la carne («Somos carne, somos osamentas en potencia», dijo Bacon), y la expresa no sólo en la inquietante mano izquierda-muñón que sostiene el cigarrillo, sino, también –en forma de sospecha–, en las partes que el traje recubre, en la manera en que la zona superior del hombro derecho y del brazo inacabado que desciende de él se abullonan, hinchando el traje e insinuando masas corpóreas. Toda esa mitad derecha del personaje se resuelve con una serie de arrugas de la ropa que adquieren pliegues y densidades que nos hacen pensar en vísceras, intestinos, e incluso en un gigantesco órgano sexual.

El modelo aparece sin rostro. Algunos críticos dicen que el personaje gira con tal violencia sobre la silla en la que está sentado, que su rostro sale disparado contra el espejo. A mí más bien me parece que el rostro ha sido cortado se diría que por una especie de brillante navaja de afeitar que destella justo en el lugar donde debería empezar la cara. Es –como ya he dicho– en el espejo en el que el personaje se mira donde le vemos la cara, si bien despegándose del resto de la cabeza y marcando un contrapunto con él. Así, cuello, oreja y mejilla –las partes que permanecen sujetas al cuerpo– nos hablan –tanto en el personaje que está sentado, como en su impresión sobre la superficie del espejo– de un tipo poderoso, sanguíneo, hasta brutal: el tinte de la piel, la forma y color y carnosidad de la oreja, e incluso el cabello hirsuto, como de un animal en celo, o agresivo, son los de un tipo repleto de desbordante vitalidad (un deportista, un militar), mientras que esa cara que se desgaja sobre el espejo-pantalla posee la inexpresividad de ciertas momias egipcias. Es el rostro que vemos en las fotografías de cadáveres o en las máscaras mortuorias. Es ciertamente una máscara mortuoria, los ojos cerrados, la boca apretada en una sonrisa escéptica. Y tiene esa dulce inexpresividad, esa textura cerúlea de las máscaras mortuorias.

El cuadro adquiere –si hacemos intervenir los datos que

conocemos acerca de la relación entre Deyer y Bacon– cierta categoría acusatoria, vengativa. El hombre que se mira a sí mismo –como los chimpancés– en un espejo posee una vitalidad corpórea, primitiva, que se desborda fuera del propio cuerpo en esas manchas blancas, seminales que cruzan el cuadro como en *La carga de los mamelucos* de Goya o en sus *Fusilamientos del 3 de mayo* cruzan el lienzo regueros de sangre que flotan sobre el cuadro, sobreponiéndose a él. Pero está muerto.

El cuadro no profetiza nada. El retrato de George Dyer en un espejo no anuncia el suicidio que llegará tres años más tarde. El retrato de Bacon indaga. El cuerpo de Dyer ha sido abandonado por esa parte en que la carne se convierte en expresión: el rostro. Es un cuerpo sin alma. Es un muerto que agrede con movimientos autoritarios o se retuerce o se deshace. Las partes que deberían revelar su vida interior, su inteligencia, su gracia, su simpatía, su capacidad para pensar, para amar u odiar –ojos, boca, rasgos faciales– son de cera, están muertas.

Hemos dicho que, en sus retratos, Bacon hace que estalle en confusión lo de dentro y lo de fuera, la carne y las vísceras como soporte del dentro. Pero todo eso necesita de la organización de un espacio, la creación de un entorno en el que el dolor crezca. Y también ahí Bacon sabe moverse en el borde del abismo, manteniendo al mismo tiempo un pie firmemente asentado en la tradición. Para radiografiar esa complicada mezcla de animal vivo y brutal, de ser atormentado y de hombre muerto que es el George Dyer del cuadro, Bacon ha sentado a su modelo en una difícil posición, en una silla metálica, y lo ha situado en el centro de un círculo de color azulado, una especie de moqueta, que es a la vez ruedo sacrificial (por aquellos años pintó Bacon alguna tauromaquia en la que el ruedo era, como en este retrato, un círculo de color), pero que también nos hace pensar en ese foco de luz que cae sobre el boxeador, sobre el actor, o sobre el que es interrogado y torturado en una siniestra comisaría. Se acrecienta así la sensación de juego de disfraces y desnudamientos, al mismo tiempo que la sensación de desolación que transmite el personaje. El círculo no tiene salida. Es un *huis clos* existencial, un sobrio ejercicio compositivo de creación de espacio, que le sirve a Bacon para anudar su cuadro con la tradición. El espacio es color. La perspectiva, la profundidad del cuadro está marcada por la pureza de ese círculo de color que es a la vez ético y pictórico.

Hace poco, y cuando ya llevaba tiempo preparando esta conferencia, pasé, por motivos de trabajo, un par de días en Milán, y me acerqué una tarde en la que no tenía nada que hacer a la Pinacoteca Brera. Al volver a encontrarme con el cuadro de Rafael, *Los desposorios de la Virgen,* y contemplando la escena que se desarrolla ante un templete circular, pensé en ese redondel azul del retrato de Dyer cuya mirada me ha ocupado tantas horas en los últimos meses. Pocos metros más allá, en una sala contigua, la composición de la *Pala Montrefelto,* de Mantegna, me trajo nuevamente el recuerdo del orden del espacio pictórico del retrato cuya reproducción llevaba varios meses contemplando para poder escribir este texto. Seguramente estaba obsesionado con este compromiso que tan arduo (por difícil) se me hacía cumplir, pero, al mismo tiempo, intuía que no eran gratuitas mis asociaciones; que, desde siempre, he tenido la impresión de que ciertos cuadros del Renacimiento y del Barroco me ayudaban a entender a Bacon, del mismo modo que los cuadros de Bacon me ayudaban a entender esos viejos cuadros. En cualquier arte, cada nuevo artista busca a sus antecesores y los pone en contacto entre sí. Creo que fue Jacques Derrida quien dijo que heredar es elegir.

Ahora, una vez que la redacción de este texto me ha ayudado a poner un poco de orden en mis ideas sobre su pintura, creo intuir mejor por qué me ha atraído tanto Bacon. Por qué los pósters que compré en la galería Lelong a mediados de los ochenta han colgado de las paredes de las tres casas en las que he vivido en los últimos años; por qué hay referencias a él en *Los disparos del cazador* y *En la lucha final;* por qué, en *La caída de Madrid,* inventé ese personaje torturador que asociaba los cuerpos de los cerdos degollados con los de los cadáveres de la morgue, los apareamientos de los campesinos con los de los perros. He tenido la impresión de que, al contemplar a Bacon, mi diálogo con la pintura clásica se enriquecía; que había, en esa actitud de Bacon negándose a tirar por la borda la sabiduría de cierta tradición y negándose al mismo tiempo a ser su esclavo y repetirla, algo que, trasladado a la literatura, tenía que ver con lo que yo he intentado hacer en mis libros. Como tiene que ver con mi empeño literario su tozudez pictórica por seguir representando la totalidad del mundo, el peso del cuerpo del hombre y no sólo la ligereza de sus ideas.

Hoy, quizá me molesta un poco la desmesura de Bacon, su teatralidad, y soy partidario de un tipo de pintura más callada que la que me gustaba hace quince o veinte años, pero, a pesar de eso, cuando contemplo a Bacon, cuando pienso en su obra, como he pensado durante los últimos meses, revive en mí el deseo de un arte que no renuncie a esa descabellada aspiración al deicidio.

Museo Thyssen-Bornemisza, Madrid, junio de 2001

LA SOSPECHA COMO ORIGEN DE LA SABIDURÍA

Cuando empecé a leer por primera vez la historia que cierto Dowell cuenta acerca de las relaciones que mantuvieron él y su esposa Florence con Leonora y Edward Ashburnam durante nueve largos años de estancias en balnearios especializados en la cura de enfermedades del corazón, y el trágico final en que acabó desembocando su –en apariencia– apacible y hasta piadosa convivencia, puedo asegurarles que experimenté una pena casi tan grande como la que decía sentir el narrador al contarme lo que él llamaba «la historia más triste», aunque a partir de cierto punto de la lectura tuviese clara conciencia de que su pena y la mía bebían de fuentes distintas, y que la mía, además, estaba cargada de una sospecha que se iba convirtiendo en indignación y, por qué no decirlo, también en desprecio.

El narrador de *El buen soldado*, la novela de Ford Madox Ford (ese tal señor Dowell que nos habla durante trescientas páginas), intenta convencer a un indefinido lector (usted, o yo) de su bondad y cumplimiento de las normas exigibles a un hombre honesto de su posición («uno de los Dowell de Filadelfia») y de su tiempo; de cómo tal cumplimiento debería haber contribuido a llevar la felicidad a todos, y del modo en que los demás componentes del grupo sustituyeron ese código por el engaño, la estupidez y el flujo incontrolado de las pasiones, consiguiendo atraer una merecida desgracia sobre ellos, aunque también (de un modo horroroso e injusto) sobre los inocentes, cuyo bando el propio Dowell se apresura a capitanear.

He leído varias veces esta hermosa novela, que se convirtió enseguida en uno de mis libros de cabecera; la última, apenas unos días antes de escribir estas líneas. Y, en cada ocasión, he visto crecer en torno a mí la telaraña de palabras que tejía ese tipo mezquino que, sin embargo, se me parece en unas cuantas cosas; y he sentido cómo intentaba (lo intenta en cada lectura, porque las novelas tienen esa misteriosa capacidad de mantenerlo todo en presente) cubrir su propia cobardía con una charla autoconmiserativa, que no se privaba de frases como esa ya citada de «la historia más triste», que era el título que Madox Ford quería para su libro y que el editor le cambió.

El discurso se me ha mostrado en cada lectura de una irritante doblez, sin que por ello, mientras leía, dejara de destilar mi pena por unas vidas tan lamentablemente derrochadas: sentimientos cruzados que, sin duda, Ford Madox Ford buscó provocar en sus lectores cuando escribió el libro y eligió darle la palabra, de un modo magistral, a ese que los críticos han dado en llamar «narrador poco fiable».

Sólo así pudo transmitir con una tremenda fuerza destructiva, mediante un argumento que se limita a desarrollar un vulgar embrollo de relaciones privadas, el asfixiante ambiente de la sociedad heredera del victorianismo, donde quien finge exigir la norma es su más frustrado conculcador. El poder final del señor Dowell se asienta en su triste calidad de superviviente: monopolista usurpador de la historia, dueño indiscutido de la voz.

En cada nueva lectura de *El buen soldado* he percibido con más claridad que uno de los grandes hallazgos de la novela (que su autor creyó escribir a contrapelo de las vanguardias, en 1913, con un estilo que se reclamaba *demodé)* es su altiva capacidad para exigir, quizá por primera vez de modo calculado en la historia de la narrativa moderna, la desconfianza de quien se acerca a ella. En su inquietante y ajeno manejo del punto de vista y del tono pueden encontrarse aspectos que un cuarto de siglo más tarde compondrán muchos de los elementos de la mirada de la contemporaneidad: no estaría de más reflexionar acerca de las concomitancias entre la voz de Dowell en *El buen soldado* y la de Meursault en *El extranjero* de Camus.

Ford Madox Ford nos recuerda en su libro, de un modo ejemplar, algo que deberíamos suponer intrínseco a toda novela, y que es, ni más ni menos, la falta de fiabilidad de cualquier narrador. También los narradores de novelas deben ganarse la confianza a pulso. Con su poderosa primera persona, *El buen soldado* nos remite al espacio de gozo inicial de la novela picaresca, al mayúsculo y poco fiable «Yo» con el que Lázaro de Tormes inicia su narración. Se convierte así en un insustituible y modélico guía de lectores supuestamente inocentes (y, por lo general, varados en las dulces playas de la consolación estética).

Al caminar por este libro, uno aprende a mirar el envoltorio novelesco desde la misma posición de alerta que nos reclama cualquier otro paquete ideológico: es decir, con ese índice de sospecha que nos lleva a considerar una obra como un ser que pretende inmiscuirse en nuestra vida con el propósito de alterarla. Y ante el que uno abre o cierra sus puertas, reservándose el derecho de admisión. Como dice una buena amiga mía, cuando una se acuesta con una novela entre las manos hay que tener cuidado al apagar la luz, porque comparte habitación con Don Juan.

Bastantes años después de la primera y deslumbrante lectura, sigue fascinándome la inteligencia de Ford Madox

Ford para mostrarnos tan hermosamente de qué modo en el tono y en la ordenación de los materiales está expuesto el asunto, de igual manera que en lo privado está la metáfora de lo público de un modo indisoluble. Así, los supuestos alardes literarios de *El buen soldado* son sólo funcionales celdillas del mezquino corazón del señor Dowell: aplazamientos, encubrimientos, silencios o desmesuras retóricas componen los recovecos de un corazón individual que late al compás que marca su tiempo.

Madrid, 1995

EL PUNTO DE VISTA

Nos hemos reunido aquí esta noche para hablar de novela. Ustedes me han invitado generosamente para que les diga lo que pienso acerca de ese arte u oficio que practico, y con el que mantengo una extraña relación, ya que a veces creo saber alguna cosa acerca de él, y, en otras ocasiones, tengo la impresión de que no sé absolutamente nada.

Cesare Pavese decía que la poesía no se enuncia, sino que se intenta. En mi trabajo literario, siento algo parecido: me parece que soy novelista mientras estoy escribiendo una novela. Entonces, día a día, y durante largos meses, voy descubriendo bajo la masa del lenguaje las formas de esa novela que intento (Miguel Ángel decía ver ocultas bajo la masa del mármol las formas de sus estatuas). La urgencia por contar algo, que casi nunca es más que un malestar conmigo mismo, un desorden interno —que tiene que ver con el desorden que me rodea, y del que siento que formo, de algún modo, parte—, se impone poco a poco, y, después de innumerables tanteos, encuentro el lugar desde el que el libro mira las cosas, y, a partir de ahí, la voz que las dice, el ritmo y la tensión con que las cuenta, el paso de la frase y el peso de cada capítulo. Me descubro contando una historia.

Durante todo ese tiempo (escribo para conocer ese desorden: conozco lo que quiero decir a medida que lo voy diciendo; sé lo que he escrito cuando lo leo), voy aprendiendo con un aprendizaje que lo es también de lo que es la novela, esa novela de la que, cuando estoy concluyéndola, hasta creo saber el lugar que ocupa respecto a otras que la precedieron; de cuál se siente heredera y contra cuál se levanta; e incluso el juego de equilibrios que mantiene con sus contemporáneas. A favor de quiénes y en contra de qué habla. A quién le pertenece. Pero ese saber acerca de la novela se desvanece en cuanto termino de escribir y corrijo las pruebas para su edición, y el espacio que deja libre el libro con su ausencia viene a ocuparlo una sombría perplejidad. El mundo –mi relación con él– vuelve a parecerme imposible de contar. De nuevo, la deriva.

Regreso al lenguaje balbuciente de cada día, vuelvo a mirar la vida desde donde la mira todo cuanto nos avasalla por igual a mí y a la gente que quiero: el periódico que leo cada mañana, la radio que escucho, la televisión que me asalta desde la esquina de la barra de un bar, los discursos de los políticos y mantenedores del sistema, con frecuencia toscos, descarados, directos; y los de sus guardianes, que utilizan lenguajes más refinados y seductores que no vacilan en reclamar ser tratados como novelas o poemas con la misma autoridad con que lo reclaman mis libros; pero cuya lectura me provoca indiferencia, o rechazo, e incluso rabia, porque esos guardianes de las historias recorren caminos, que, aunque más floridos, me llevan –como la inmensa mayoría de las columnas de los periódicos, como las opiniones de las tertulias que organizan las emisoras de televisión y radio– a ese punto de vista del que yo quisiera escaparme cada vez que me siento a escribir, un lugar desde el que no se aprende, porque repite fórmulas ya dichas, que encubre la realidad bajo las palabras, en vez de descubrirla.

Sacude mi desgana la lectura de un texto que rompe con

el juego establecido; de alguna otra novela, escrita recientemente, o que me llega como una voz fresca desde una lejanía de siglos, porque también ella se esforzó en contar a un hombre y su tiempo de otra manera; la visión de cierta película o de un cuadro determinado, que capta un destello de vida del que de otro modo no hubieran quedado ni huellas, revive en mí la ilusión de que aún se puede contar desde otra parte lo que nos está pasando, y excita mi deseo de volver a intentar el aprendizaje de qué sea una novela, lo cual es casi tanto como aprender una vez más la relación que mantengo con mi entorno.

De ahí, el malentendido que preside este instante de nuestro encuentro. Ustedes me han invitado a venir aquí a que les hable como novelista y hemos tenido la mala suerte de que ahora no estoy escribiendo ninguna novela, y vivo, por tanto, en la perplejidad de no saber qué puedo o debo escribir, y yo mismo busco el significado que posee en estos momentos para mí la palabra novela, y quisiera comunicárselo a ustedes, pero cómo voy a hacerlo, si yo tampoco lo encuentro. Por eso, y para ver si podemos aprovechar de alguna manera este rato que vamos a pasar juntos, para ver si salimos de esta perplejidad que traigo conmigo, he pensado que, a lo mejor, no sería malo buscar el apoyo de quienes detentan la autoridad del lenguaje para ver qué es lo que ellos nos dicen que pueda ser la novela. Escuchándolos a ellos, quizá podamos establecer nosotros nuestra posición, aceptando la de ellos dócilmente; matizándola, o rechazándola. Leamos lo que dicen los legitimadores del lenguaje, quienes deciden el sentido exacto de las palabras, acerca de lo que es la novela. Esos jueces son, por lo que se refiere al idioma en el que escribo, los académicos de la Real Academia Española de la Lengua.

Según el *Diccionario de la lengua española* de la Real Academia, que es el canon que esos sabios elaboraron hace tiempo y que periódicamente revisan para ponerlo al día, la novela es una «Obra literaria en prosa en la que se narra una acción fingida en todo o en parte, y cuyo fin es causar placer estético a los lectores con la descripción o pintura de sucesos o lances interesantes, de caracteres, de pasiones y de costumbres». Hasta aquí llega la respuesta que la Academia da a la entrada «novela». Vamos a ver si tal definición puede ayudarnos a iniciar nuestro diálogo en este momento de perplejidad, aunque me parece a mí que, ya en una primera lectura, la definición del diccionario no sienta esa deseable, tranquilizadora y sólida base que buscábamos.

Para empezar, es una definición que está demasiado llena de disyuntivas (fíjense en que dice cosas como «en todo o en parte», «descripción o pintura», «sucesos o lances»), y ya saben ustedes que las disyuntivas son difíciles de acordar con las certezas («o blanco o negro», le decimos a la gente cuando queremos saber con exactitud lo que piensa sobre algo, aunque los académicos parece que lo que quieren decirnos es más bien lo contrario: que, en su acepción, pueden caber lo blanco y lo negro).

Si seguimos analizando lo que apunta el diccionario, enseguida advertimos que identifica la novela con acción, cuando sabemos que hoy se consideran novelas ciertos libros que no narran una acción, sino que enuncian un estado de ánimo y que pueden no ser necesariamente ficción ni siquiera en parte (que sean o no realidad los hechos y sentimientos que nos narran es un dato que corresponde a la vida privada del autor, no a las características de género del libro); y, por lo que se refiere a la intención de causar placer estético como inherente a lo novelístico, tampoco define en mi parecer gran cosa, ya que el concepto de placer estético es algo que a mí se me escapa entre los dedos, pues mi experiencia me dice que ese específico placer no surge con igual intensidad, y ni siquiera de idénticos lugares, en mí que en otra gente, con lo cual –si hacemos caso al diccionario– nos encontramos con la paradoja de que hay obras que para otros serían novelas y para mí no, o viceversa. Pongamos nada más que un ejemplo acerca de la premisa al parecer ineludible en toda novela y, por extensión, de la obra literaria, de procurarle al lector placer estético. Veo que las historias de la literatura incluyen casi sin excepción entre las obras literarias la *Utopía* de Tomás Moro, las *Confesiones* de San Agustín o el *Libro de las Fundaciones* y también *Las moradas del castillo interior* de Santa Teresa de Jesús. No me parece mal que estén ahí. Algunas páginas de esos libros han iluminado oscuras noches de mi existencia y, sin duda, está bien que les atribuyamos voluntad estética. Pero también debo decir que jamás he visto incluido en ninguna historia de la literatura un texto en el que se lean frases como la que sigue: «Ha ahogado el sagrado éxtasis del fervor religioso, el entusiasmo caballeresco y el sentimentalismo burgués en las aguas heladas del cálculo egoísta» y, sin embargo, pocas frases he leído tan lúcidas y bellas como esta que acabo de leerles, referida a una clase social, la burguesa, y que es una frase sacada –ya lo habrán adivinado ustedes– del *Manifiesto Comunista*, un panfleto que escribieron Carlos Marx y Federico Engels en 1848. A mí esa frase me produce placer estético. Define espléndidamente –con gran agudeza y sabiduría literarias– al mundo religioso medieval con la expresión «el sagrado éxtasis del fervor»; al mundo caballeresco lo califica por «el entusiasmo»; y al burgués lo coloca como marcado por el «sentimentalismo». Es un ejercicio de precisión y síntesis perfectas de los valores que han presidido en la historia la sustitución de una clase por otra, como es perfecta la metáfora de decir que el cálculo egoísta forma unas «heladas aguas». Me atrevería a decir que detrás de esa frase se encierra todo un proyecto narrativo. Al menos, *Los Buddenbrock* de Thomas Mann. Claro que si ese texto no sale en las historias de la literatura seguramente es porque mi concepto de placer estético quizá no se corresponde con el de otra mucha gente. El mío, mi placer estético, lo explican muy bien aquellas palabras que escribió Pavese en *El oficio de vivir:* «Incluso cuando sentimos un latido de alegría al encontrar un adjetivo acoplado con felicidad a un sustantivo, que nunca se vieron juntos, no es el estupor por la elegancia de la cosa, por la prontitud del ingenio, por la habilidad técnica del poeta lo que nos impresiona, sino la maravilla ante la nueva realidad sacada a la luz.» Y es que, desde mi punto de vista, el placer estético está íntimamente ligado —yo diría que resulta inseparable— a la percepción de la realidad —de alguna parcela de la realidad— desde un lugar nuevo; a su contemplación bajo una nueva luz que descubre volúmenes que hasta entonces me habían pasado desapercibidos. En ese entender mejor lo de fuera, que me lleva a entenderme mejor yo mismo, encuentro los más hermosos instantes de mi placer literario.

Pero, volviendo a la definición académica de novela, ¿caben en ella gran parte de las más representativas producciones narrativas de nuestro tiempo, incluidas las de Joyce, Beckett y Kafka?, ¿o los discursivos textos de Thomas Bernhard? ¿Por qué sí o por qué no? ¿Sólo porque sus obras son en todo o en parte ficción? Ha habido tiempos en los que lo increíble se consideraba lo novelesco por excelencia, mientras que en otras etapas de la historia de la novela se alababa muy especialmente la verosimilitud, el parecido de cuanto contaba el libro con lo que pasaba en la calle. ¿No ha pretendido la primera persona ser un feudo exclusivo del género literario de las memorias, un género claramente distinto de las novelas? Y, sin embargo, ¿no se mezcla hoy lo supuestamente real y lo fingido con absoluta arbitrariedad en lo novelesco, o se hace pasar por novela —hay ejemplos recientes— un fragmento de las propias memorias, y por memorias, una invención más o menos descabellada? ¿No está en el origen mismo de la novela española esa usurpación y mestizaje entre los géneros, que cuaja espléndidamente en *El lazarillo de Tormes*, pero que, para entonces, tiene brillantes precedentes en textos de aluvión como los de los arciprestes? Sobre todo, ¿vale la pena darle vueltas a todo esto? ¿No es un modo de perder el tiempo? ¿Habrá que olvidarse de una vez del término novela, como proponen algunas escuelas, y deberemos limitarnos a hablar de textos? Yendo por ese camino –también él poblado de disyuntivas–, podríamos hilvanar una pregunta con la siguiente hasta el aburrimiento, y el objeto que nos ha convocado aquí esta noche se nos escaparía una y otra vez con la agilidad con que se nos va de las manos una anguila.

Al final, probablemente no nos quedaría más remedio que aceptar la modesta conclusión de que *novela* es aquello a lo que la convención decide llamar *novela*. Pero ni siquiera esa aparente tautología nos evita pisar de nuevo terrenos resbaladizos, ya que habrá que reconocer que la convención es algo cambiante y deletéreo, cuya balanza ya no sabemos qué mano es la que la sostiene. ¿Son ustedes, la universidad, los detentadores de la convención? ¿Qué sector de la universidad, los estructuralistas, los neoidealistas, los marxistas lukacsianos, los seguidores de Raymond Williams, los de Genette, los del grado cero de Barthes, o los canónicos de Bloom? ¿Somos árbitros de la convención nosotros, los que nos reclamamos novelistas? Pero ¿quiénes entre nosotros? Yo leo novelas a las que me cuesta darles ese nombre (sombras de novelas, pastiches, *déjà-vu*), o que me parecen tan malas que no merece la pena discutir acerca de si son o no parte de la convención y, en cambio, otros dicen lo propio de las mías a las que consideran pastiches pasados de moda y hasta han llegado en algún caso a ponerlas como paradigmas de lo que ya no se debe hacer.

¿O es que, a lo mejor, son los dueños de la convención los lectores? Seguramente, serían los dueños más legítimos, porque al fin y al cabo son los que pagan entrada para asistir al espectáculo. ¿Lo son los críticos que escriben en las revistas literarias y en los suplementos culturales de los periódicos? ¿O es el *Cuarteto Literario* de la televisión? Por lo que me han contado, aquí, en Alemania, ese «cuarteto» sería seguramente en buena parte responsable de la convención, con lo cual podríamos saltar a otro tema, que nos alertaría acerca de cómo un género literario llamado novela sería definido, calificado y legitimado por un medio de expresión radicalmente distinto y ajeno a él, la televisión, lo cual apunta problemas que me parece mejor dejar de lado, al menos por esta noche. Porque tampoco podemos dar a priori por descartado que la legitimidad de una cosa pueda establecerla otra. Más bien, eso es lo que suele ocurrir. Y ése es, sin duda, un tema decisivo, sobre el que me permito pasar de puntillas para que la velada no se nos haga interminable.

Sé –volviendo al razonamiento inicial– que, en el medio siglo que llevo como lector, he advertido que la convención ha ido abriendo más y más sus brazos y que abarca cada vez más objetos escritos bajo ese apartado que lleva el nombre de novela. Y también me he dado cuenta de que hay unas etapas en las que pone un colador y se esfuerza en filtrar el género, y otras en que vuelve a quitar el colador y da libre paso a cosas que antes nadie hubiera definido como novelas. Y eso teniendo en cuenta que el género es aún joven –unos pocos siglos de vida, frente a los milenios de la pintura, la música o la arquitectura– y que ya ha sido condenado a muerte unas cuantas veces. Cuando Proust publicó el primer volumen de *À la recherche du temps perdu*, muchos críticos pusieron en duda que se tratase de una novela.

Quizá, al llegar a este punto, podamos adquirir la primera de las certezas de esta noche: la de que nos toca hablar aquí de lo que es hoy, el uno de diciembre de 1998, la convención que define la novela. No la que fue hace doscientos años, ni la que será dentro de cincuenta. Porque lo que la novela es hoy para nosotros resulta seguramente en algo distinto de lo que la academia dice y, por supuesto, distinto de lo que era la convención novelesca en tiempo de Cervantes, de Jane Austen, de Flaubert y Balzac, de Mann y Musil, novelistas a los que yo, y casi todos mis cofrades literarios, envidiamos por encima de todas las cosas, y cuyas obras desearíamos igualar, y que, desde ese estado de perplejidad al que aludía en el inicio de esta charla, sabemos inigualables, porque no nos bastaría hoy con repetir al pie de la letra sus enseñanzas cambiando sólo los decorados, los vestuarios y el nombre de los protagonistas (Pierre Menard, el personaje de Borges reescribió el *Quijote* al pie de la letra y se encontró con un libro distinto del que había copiado), y es que, como decía Juan Gris al hablar del nacimiento del cubismo: «Todo sistema de estética debe ir fechado», lo cual, traducido al sistema de preocupaciones que yo llevo intentando exponerles, se entendería como que cada novela está obligada a llevar su fecha, es decir, a ser la novela de su momento, o, lo que sería lo mismo, a reinventar la novela a cada momento, y eso, por volver a la primera cita que he hecho de Pavese, es algo que no se enuncia, sino que se intenta. Porque no ha de cabernos duda de que cada momento pide cosas distintas de las novelas y por eso resulta tan variable lo que la novela es.

Aunque, por volver a las certezas, que tan consoladoras nos resultan, podríamos establecer un principio a partir de esa estética con fecha y, parafraseando lo que nos propone Juan Gris, fijar el presupuesto de que, para ser una novela de su tiempo, a lo primero que tendría que aspirar una novela sería a convertirse en un intento de prolongación de alguno de los brazos de ese pulpo que ha venido llamándose novela (de venir la novela de hoy de otro lado que no fuera ése, hablaríamos de algo nuevo que habría que definir y nombrar con inocencia bautismal), y la llegada de esa novela de su tiempo –o su paso, ya que hablamos de estética en el tiempo y lo característico del tiempo es pasar– sería como la de ese *Angelus Novus* de Paul Klee comentado por Benjamin, el violento paso de un ser que avanza empujado por el viento, sin dejar de mirar atrás: un ser agitado por ese viento impetuoso, que ve en el pasado un punto de referencia ya inaccesible, porque se aleja, mientras el viento lo lleva a él, quizá contra su propia voluntad, en otra dirección, conocedor de que no hay retorno.

La novela partiría desde lo novelesco de ayer, que ya no puede volver a ser escrito, para llegar ¿adónde? Ése es el lugar que no se enuncia, que se busca, que se intenta, en palabras de Pavese. Me gusta poner un ejemplo. Ya lo he puesto otras veces. Toda novela tiene la obligación de ser una obra maestra, no en el sentido metafísico y trascendente del término que tanto fascina a los críticos, e incluso a los propios autores de novelas, sino en el sentido más puramente artesanal. Del mismo modo que los gremios medievales exigían del aprendiz que, para pasar a maestro, hiciera una obra en la que demostrara su capacidad y dominio de las técnicas más avanzadas, cualquier novela contemporánea tiene la obligación de llevar incorporado el saber novelesco y la reflexión en torno a ese saber de cuantas la han precedido. Imagínense lo tremenda que resulta esta afirmación. Pero, para quitarle grandilocuencia, pongamos un ejemplo extraído de fuera de la literatura que a lo mejor nos aclara algo: no se puede ser geógrafo en el siglo XX, y desconocer la existencia de Australia. En cambio, se podía ser un gran geógrafo sin conocer Australia hace un milenio. En la actualidad, ese falso e ignorante geógrafo que no conoce el continente del sur quizá consiga engañar con sus patrañas a los niños de un parvulario, o reciba el apoyo interesado de algún desaprensivo en una discusión de bar ante gente ignorante, pero la comunidad lo rechazará. Sabemos que el saber geográfico y el novelesco no son ni mucho menos lo mismo; que el arte no progresa mediante avances, mediante descubrimientos, como lo hace la ciencia, sino que es un eterno dar vueltas a la madeja (no es mejor escultor Jean Arp que Fidias); y también sabemos que un mapa falso descubriría enseguida su impostura, porque, en la descabellada hipótesis de que alguien lo usara, los barcos no llegarían a puerto y los aviones seguramente se estrellarían en su primera travesía (no es buena imagen: hoy hay ordenadores, radares, sonares, y los barcos y los aviones no necesitan mirar mapas). En cambio, alguien puede pasar por novelista (¿e incluso ser un magnífico novelista?) sin haber leído no digo ya que a cierto novelista de segunda fila, sino a titanes como Proust, Musil o Mann. Sus lectores, al terminar el libro, no sufren accidentes domésticos porque el saber que transmite la novela no tiene que ver con lo práctico. Es de otro orden.

No es tampoco el saber novelesco un saber enciclopédico, que lo haya devorado todo, eso sería imposible, lo que no lo exime de ser un saber que –desde la evolución de la lengua y del estado del conocimiento literario de la comunidad en la que se escribe (y, cada vez, estas comunidades están mejor comunicadas entre sí)– debe proseguir y actualizar la lista de interrogantes intelectuales –y, por tanto, técnicos: en la novela el cómo sirve para resolver el qué, como en las demás artes– que han marcado su historia. Esa premisa podría enunciarse diciendo que, en 1998, no cabe (sería milagroso el caso contrario) la inocencia narrativa, una novela que surgiera al margen de cualquier tradición narrativa; y también podría decirse que toda novela debe partir del estado de la novela en el momento en que se escribe.

Ocurre, es cierto: caen entre nuestras manos a diario novelas así, libros supuestamente «inocentes», que se reclaman «autodidactas», pero reciben de nosotros un trato hosco: son esos inútiles pastiches de los que hablaba hace un instante, sombras que el ángel de Klee dejó a su paso y que no cuentan nada que no haya sido ya contado mil veces; tienen la prestancia de las novelas, su ropaje, como las actrices de teatro llevan las copias de ropas y joyas de las damas de la aristocracia o de las emperatrices a las que encarnan, pero no son más que actrices. Quien no haya leído a Proust, a Musil o a Svevo a fines del siglo XX está condenado a haber leído a sus epígonos sin saberlo y corre el peligro de pavonearse con joyas y ropajes de guardarropía, de ser actor de una obra de teatro, creyendo asistir a un acontecimiento de la vida real. Ocurre con esos aficionados a la escritura que presumen de que no leen y, por eso mismo, cuando nos dejan sus escritos descubrimos que están trenzados con frases hechas, con materiales de derribo que ellos han recogido sin saberlo. Creen que su ignorancia les otorga voz propia, cuando lo que hace es convertirlos en inconscientes buzones de voces ajenas. La originalidad en la escritura sólo puede surgir de la reflexión acerca de cuantos escribieron antes que nosotros. Se escribe desde lo que se ha escrito.

A partir de esta afirmación es muy probable que llegásemos a un acuerdo bastante generalizado acerca de cómo establecer una primera valoración de cualquier novela, al incluirla en la cadena de la tradición, marcando su procedencia y su desarrollo; sus concomitancias con otros textos y sus divergencias. Si terminara aquí mi intervención, probablemente podría estar de acuerdo, además de con bastantes de ustedes, también con prestigiosos críticos como Barthes, Foucault o Bloom. De algún modo, algo parecido a lo que acabamos de deducir –la imagen de esa obra maestra que necesita cristalizar los saberes literarios de su tiempo– es lo que aprecian como complejo y hasta cierto punto indiscutible esos críticos: se escribe desde la escritura, dicen todos estos críticos, y también en eso seguimos estando de acuerdo, cómo no. Pero algunos de ellos, como consecuencia de ese escribir desde la escritura, no dudan en plantear que hay que olvidarse por completo del autor y de cuanto rodea al libro; que, para entender un texto, hay que excavar sólo en el texto y nada más que en el texto. A fuerza de simplificar un tanto sus posiciones digamos que, según quienes así piensan, no habría que levantar la cabeza de la sucesión de textos que precedieron al que los ocupa para descubrir si una novela merece ser llamada novela, y si merece ser llamada buena o mala, vieja o nueva novela. El exterior, para ellos, emborrona el texto, es sólo tiniebla y ruido.

Porque, a la hora de juzgar una novela, a esos críticos les interesa en exclusiva saber el modo como ha incorporado los saberes novelísticos que la han precedido y sobre los que se encarama; rastrear en ella eso que llaman la intertextualidad, los préstamos que el texto toma de sus predecesores; las reescrituras y relecturas que establece sobre los temas que han saltado, durante siglos, de un libro a otro en ese campo que la convención llama novela; la posición de una novela en la cadena de lo novelesco. Diríamos, simplificando, que admiran aquellos textos que cristalizan las formas anteriores y las dejan brillando como joyas, o que las arrojan al suelo y las convierten en pedazos para romper un juego establecido en el código literario y comenzar otro. Yo también creo eso, pero sólo en parte, y ese creer que el texto, al mismo tiempo que lo es todo, lo es sólo en parte, me lleva a disentir de algunos de esos hombres, la brillantez de cuyos escritos, sin embargo, admiro (Emilio Lledó en su libro *El silencio de la escritura* define a los textualistas como el nuevo idealismo del siglo XX). Por eso precisamente no termina aquí esta exposición, porque esa idea de la estética con fecha que hemos recogido de Juan Gris, y que hemos aceptado, no se refiere sólo a las fechas desde las que ordenar la sucesión de los textos, como pretenden a grandes rasgos algunos críticos, sino también, y muy especialmente, tiene que ver con la sucesión del tiempo real, que es exterior al libro encuadernado, y que es el tiempo de la historia; el de los hombres que nacen y mueren; el del hombre que escribió ese libro y el de las circunstancias que lo empujaron a escribirlo; el de los que lo leyeron y encontraron en él algo de sí mismos, y lo aplaudieron; o lo rechazaron y condenaron; y el tiempo de los que no llegaron nunca a leerlo, pero convivieron con él sin saberlo y cuyas ideas y costumbres a lo mejor hasta quedaron en parte reflejadas en ese libro o fueron influidas por él. Y luego está también el tiempo del lector que se enfrenta con el libro; que lo abre y lo pone a hablar. Y que, curiosamente, ante las mismas palabras se interroga sobre cosas distintas y, a la vez, sabe por ellas parte de lo que supieron los contemporáneos de la obra. Alguien que lee bien y que, por leer en otro tiempo, lee lo mismo, y también otra cosa que el paso del tiempo ha depositado sobre el libro; alguien que, en cambio, no podrá leer lo que ese tiempo transcurrido le ha quitado al libro, porque el tiempo —no lo olvidemos— erosiona también los libros, hace desaparecer de ellos rasgos que sus contemporáneos apreciaron y que se han evaporado para siempre.

El mirar sólo hacia el texto exigiría el supuesto de que el lenguaje es un bien en sí, que, desde su origen, sólo se conoce a sí mismo y a sí mismo se transforma, y no que ha nacido como forma de comunicación para transmitir realidades exteriores ni que, cuando se fecunda, lo hace sobre todo con lo que ese exterior le aporta. Decir que sólo el texto importa y que el escritor se nutre sólo de textos sería tanto como decir que el lenguaje se nutre sólo de lenguaje y que la palabra compuesta «aeropuerto» ha nacido por el azar de dos palabras simples de origen latino que se juntaron misteriosamente un día y no porque el hombre necesitó nombrar una nueva realidad después de haber inventado el avión. Aplicado al terreno de lo novelesco, equivaldría a decir que Londres, París, Madrid, Lisboa o Moscú no les aportaron gran cosa a Dickens, Balzac, Galdós, Eça de Queiroz o Tolstói.

Yo, desde luego, no perdería lo mejor de mi vida intentando escribir novelas si se tratase sólo de un juego, de tejer un bordado de ganchillo verbal utilizando los hilos de un género que otros manejaron antes que yo. Por decirlo claramente, si lo de dentro de los libros no tuviera que ver con lo de fuera, o apenas tuviera que ver con lo de fuera, la literatura me parecería un soberbio aburrimiento. A lo mejor, es sólo cuestión de carácter. Desprecio, porque me aburro mucho con ellos, los juegos florales, como me aburren los torneos de ingenio, los juegos de palabras que buscan sentido en sí mismos; aunque mi opinión o mi carácter aquí no importarían demasiado, si no fuera porque la mía no es una opinión aislada, sino que se une a la de buena parte de quienes durante unos cuantos siglos han practicado el oficio o arte del que esta noche nos ocupamos. A lo mejor no está de más recordar que todos estos grandes novelistas a los que me he referido hace un momento –y tantos y tantos otros– cuando enunciaban qué es lo que querían hacer con su obra, por más que se refiriesen a tradiciones literarias, tomándolas como referentes (así, Cervantes quería escribir contra ciertas novelas de caballerías, contarnos el desmoronamiento de unos ideales que eran ya sólo fantasmas), lo que pretendían, aquello que los hacía sentarse a escribir, a veces con pasión que rozaba lo enfermizo, casi siempre era intervenir en algo que ocurría fuera del libro: el oscurantismo y la intransigencia en el caso de Galdós; la falta de escrúpulos de las clases emergentes, en el de Balzac; el peso asfixiante de las costumbres provincianas, en el de Flaubert, que así subtituló su *Madame Bovary* («escenas de costumbres provincianas»). Claro que también ha habido escritores que ejercían como mantenedores en los juegos florales; que comparaban la belleza de las damas de la corte de honor de la reina de las fiestas locales con una rosa y el perfume de sus cabellos con el del jazmín, y ha habido novelistas a quienes no desagradaba el tiempo en que vivían y se negaban a que nada ni nadie –incluidas las novelas– perturbase su paz. Ésos han sido quienes con más ahínco han defendido la inanidad de los libros ante los hechos públicos, los que se han reencontrado con su pasión sólo a la hora de defender la impotencia de los libros, su incapacidad para hacerse oír en el espacio de lo público. Ha habido otros novelistas que, en cambio, defendían sensibilidades con las que me identificaba; que no escribían para halagar los oídos de la sociedad, sino que se mostraban ácidos con ella, pero también entre éstos, entre quienes proponían formas de vida diferentes, muchos han escrito de un modo que no me enseñaba nada nuevo: sólo cosas que yo ya sabía y que, por tanto, tampoco despertaban mi interés. No es fácil encontrar una nueva voz narrativa, como no es fácil encontrar un amigo.

Es verdad que no hay que creerse demasiado al pie de la letra las afirmaciones acerca de la intención literaria que pueda tener un escritor (estamos hartos de leer declaraciones de autores cuyos textos teóricos se dan de bofetadas con lo que ellos dicen que hacen en sus novelas), pero tampoco podemos cerrar tozudamente los ojos, sobre todo en casos como los que acabo de citar, en los que lo que decían pretender y el resultado que expresa su obra se acuerdan con notable precisión. Hay un poderoso hilo de la novela moderna y contemporánea que ha tenido claro que contemplaba la actividad literaria como un arte que, aunque nace en privado, y con frecuencia en la más absoluta soledad (se escribe solo, se lee, por lo general, solo), sin embargo tiene voluntad pública. Quizá la historia de ese hilo literario sea la de un largo espejismo, aunque uno no acabe de llegar a creerse que toda esa gente haya escrito equivocadamente, y, aun en ese caso, si así fuera, la historia de la literatura se resumiría en un feliz y hermosísimo error al que no me importaría en absoluto sumarme.

Llegados a este punto, es posible que no estuviera mal volver a la definición que da la Real Academia acerca de lo que la novela es, para –al cabo de este largo paseo entre sus disyuntivas– detenernos un instante en el verbo que las pone en marcha, y que no es otro que el verbo narrar. Recordemos que esa definición empieza refiriéndose a la novela como una «obra literaria en prosa en la que se narra». Mi concepción de ese arte que me ha fascinado desde la infancia y que he practicado coincide con lo que dicen esos sabios que guardan la norma: creo que la novela es, sobre todo, narración. El fruto de alguien que quiere contar algo y que, si quiere contarlo, es porque piensa que, si él no lo contara, nunca habría existido, porque nadie lo contaría. Quizá se pueda discutir acerca de los motivos que empujan a cada cual a contar eso que quiere; y pesen más para uno los tormentos de su alma, mientras que en otros sea más bien su vocación social la que los lleva a escribir. Pero, en todos los casos, su tortura, su deseo o su ambición privados culminan en ese objeto público que es el libro; porque el libro no es una pasión privada, sino su plasmación pública, y esa voluntad pública es la que, cuando lo compra y lee, adquiere el lector a quien la vida del novelista puede importarle un rábano y admirar, sin embargo, su novela.

Y así, volviendo a lo público, resulta bastante lógico pensar que el narrador que escribe desde la soledad de la búsqueda, y no desde el aparato de lenguaje que la sociedad genera obediente a las normas que el poder de cada época marca, necesita establecer una estrategia más ambiciosa, ya que ha de imponer una pausa en el ruido, abrirse paso en la selva de los lenguajes al uso: podemos pensar que, cuanto más en soledad nazca, cuanto menos apoyos tenga en su entorno la obra literaria, será mayor su esfuerzo, y, probablemente, más original lo que nos diga. Desde el código dominante, desde el lenguaje con que una sociedad se cuenta oficialmente a sí misma, apenas hace falta esfuerzo para hablar y para ser escuchado. Desde ese código, escribir es volver a contar, con más o menos adornos, lo que todo el mundo oficialmente sabe y dice. Parece difícil que desde ahí pueda salir algo que nos sorprenda. Lo han dicho muchas veces los autores. Lo decía Gide; de una u otra manera, lo dijeron muchos antes y después de él: hay obras que nacen con un público ya hecho, y otras que, en cambio, necesitan crear el público que acabará apreciándolas. Con demasiada frecuencia, esa frase se ha leído como un gesto elitista de Gide: su identificación con las capas artísticas más avezadas, que, por atentas, acaban descubriendo antes que nadie lo que va a venir, cuando yo creo que no es extraño que esas mismas élites sean las más sordas ante una nueva voz, que puede nacer con vocación de discutir precisamente su papel de élites. La dificultad para que lo nuevo se abra paso no es sólo cuestión de conocimientos, es también, y sobre todo, un problema de distribución de poderes en el lenguaje (contar otras cosas porque se cuentan desde otro sitio, desde otra sensibilidad, desde otra clase). Una nueva obra tiende a poner en entredicho el poder que los mandarines han levantado, apoyando sus pies sobre las obras anteriores, sobre las obras que contaban las cosas desde una sensibilidad consensuada, desde un sitio prefijado. A las obras caducas se afilian los que pertenecen al mundo que agoniza, mientras que las que buscan mirar desde otro lado acaban encontrándose con quienes piensan en la posibilidad de mundos diferentes.

Pierre Bourdieu, en *Las reglas del arte*, nos dice que las élites emergentes y las vanguardias políticas buscan su filiación en esa visión sesgada de lo que el poder se empeña en enseñar como un bloque plano y frontal, visión que, por inoperante y hueca, pertenece irremisiblemente al mundo en agonía, aunque demasiadas veces la duración de esa agonía pueda parecernos interminable y nos conduzca al desánimo.

Incluso el espejo al lado del camino de Stendhal debemos suponer que está puesto en cierto tramo –la literatura es selección, si no, duraría tanto como la vida y se confundiría con ella– y, además, en determinada posición –a favor de los rayos del sol o a contraluz–, que es –esa posición– lo que los expertos suelen llamar el punto de vista, el lugar desde donde se mira, accidentes que provocan que la realidad que se refleja siempre se vea sesgada por la posición del autor, quien, además, se retrata a sí mismo en ese espejo, ya que sólo ve desde lo que ha aprendido a ver y se fija en lo que es de su interés. Por eso, un novelista nos entrega, con la radiografía de su tiempo, su propia radiografía.

Galdós pensaba que su tiempo literario lo definían la mirada del pueblo, y también la de las clases medias. Zola estaba convencido de que eran los desarrapados quienes tenían en sus ojos –como aquel personaje que interpretaba Ray Milland en una película– los rayos equis que dejaban desnuda la impostura de su época. Pilniak contaba el mundo desde la voluntad de los bolcheviques jóvenes y vestidos con chaquetas de cuero. Unos nos han contado eso que para que no se esfumara necesitaban contar en tono lírico o en clave realista; en primera o en tercera persona; muchos se han escapado en sus textos a las galaxias buscando una metáfora que les sirviera para explicarse: han atravesado el espejo de Stendhal para ver lo que había detrás, o se han perdido en bosques llenos de gnomos y hadas. Los hay que han salido de su casa y han paseado por las estepas, por las calles de París, Roma, Madrid o Londres; por los mataderos de Chicago, los pozos de petróleo mexicanos o los campos de naranjas de California. Los novelistas nos han mostrado la crueldad de la guerra, el furor de la lucha de clases, o el aburrimiento de la paz; la hilarante ridiculez de ciertos comportamientos humanos; pero todos, detrás de cuanto nos contaban, nos ofrecían una inquietud para que la compartiéramos con ellos: una esperanza o un horror. Todos nos dejaron plasmado su propio retrato –el retrato de sus propias pasiones– en el cuadro de cuanto ocurría a su alrededor que pintaron para nosotros.

A lo mejor no está mal que veamos cómo lo expresaba alguien tan en apariencia ingenua como George Eliot, cuando confesaba su simpatía por «esas pinturas (de costumbres holandesas) que reflejan fielmente la existencia monótona y cotidiana, que ha sido el destino de muchos más mortales, más bien que una vida de pompa o de absoluta indigencia, de trágico sufrimiento o de una acción que revoluciona el mundo». George Eliot, al ponernos el alma burguesa como eje que ordena su narrativa, lleva a cabo una declaración de posiciones tan explícita como la que Marx y Engels pudieron expresar al escribir el *Manifiesto Comunista*. Del mismo modo que los dos teóricos del movimiento obrero buscaban ser portavoces del proletariado con sus textos de filosofía y economía, Geoge Eliot, con sus novelas, quería ser portavoz de las clases medias y lo confesaba sin pudor.

Una de las grandes desolaciones del escritor –de la que nunca se cura– es la de no saber nunca si ha acertado al colocarse en el lugar que le permite contemplar el dolor y la esperanza de su tiempo. Por eso, los novelistas, además de novelas, escribimos textos en los que intentamos exponer nuestra intención, justificar nuestro trabajo, textos como el que yo escribo ahora. Volvemos por ese camino al arte con fecha de Juan Gris. A mí me gusta expresarlo contando que quien mira por el ojo de una cerradura, puede contemplar un interior de habitación en el que se encuentran zapatos y prendas de vestir abandonadas y pensar que es un cuarto vacío y desordenado, mientras que si la cerradura está en otra posición, desde la que, quizá, se ve la cama que se levanta en el centro del cuarto, puede asistir a una apasionada escena de amor en la que sus protagonistas, llevados por la pasión, se han desprendido precipitadamente de las prendas que vestían. Las escenas que muestran ambas cerraduras son reales, porque ambas nos muestran aspectos de una misma cosa, pero creo que estaremos de acuerdo en que sólo a través de una de ellas se contempla la historia que está ocurriendo en esa habitación, sin que eso signifique que la otra, al mostrar su parcela, nos engañe, porque es cierto que hay ropa tirada por el suelo, desorden que parece contarnos algo. Quizá sea hasta más hermosa la luz del sol que cae sobre esos objetos abandonados y los envuelve. Pero la escena está ocurriendo en otra parte. El ángel de Klee vuela en otro lugar.

Y hablamos de una cerradura, que es fija; de una habitación en la que el decorado es siempre el mismo; qué no podríamos decir acerca de algo tan complejo y cambiante como la vida misma, que es el ambicioso objeto que, a lo largo de su historia, se ha propuesto la narrativa. Quién puede saberse en la verdad, en el correcto punto de vista capaz de dar cuenta de lo que está ocurriendo en un tiempo determinado. Saber con certeza que la novela que escribe es algo vivo capaz de prolongar la vida de ese género, o es sólo guardarropía, trajes que cuelgan en un armario y que hace tiempo que ya nadie viste. Ante la duda, lo único que le cabe hacer al novelista es arriesgarse en un nuevo intento. Cada novela que se escribe es una forma de respuesta a esa pregunta que el escritor lleva consigo de manera permanente.

Por eso, entre los peligros que corre un autor cada vez que se empeña en escribir, sin duda el peor sea aceptar que ha encontrado eso que se llama un estilo: su lugar como escritor. A los estudiosos, a los críticos, les fascina descubrir y sajar el estilo de los autores, pero el autor que se convence de que ha encontrado su estilo pienso que está perdido, porque el uso de los materiales que le sirvió para elaborar una obra ya no le servirá en la siguiente. Los autores con estilo acaban estrechando la literatura tanto como la realidad, para que una y la otra les quepan en ese maletín de formas que arrastran de novela en novela y que les lleva a convertir en retórica lo que en un momento pudo ser un valioso hallazgo. Digamos que han renunciado a intentar y se conforman con reproducir. En sus memorias *A libro abierto*, dice el director de cine John Huston: «Cuando yo tenía catorce o quince años, hablábamos sobre el "estilo" de un autor. Yo dudaba del significado de esa palabra. ¿Era el estilo de un autor su forma de ordenar las palabras para diferenciarse de los demás autores? [...] Un día me vino como una revelación: la gente escribe de forma diferente porque *piensa* de manera diferente. Una idea original exige una exposición original. Así que el estilo no es simplemente una invención del escritor, sino sencillamente la expresión de una idea central.» Digamos, por volver a nuestro ejemplo de la puerta y la cerradura, que los amantes hace días que han abandonado la habitación y nuestro narrador «con el estilo hecho» sigue con el ojo pegado a esa cerradura que tan bien le mostró la escena de amor y que ahora sólo muestra la desolación de un cuarto abandonado. Y ya sé que también se hacen novelas dialogando con los rayos del sol que ahora bañan sólo las desoladas baldosas del suelo de esa habitación abandonada, extrayendo de ellas hermosos reflejos. Yo mismo estoy empezando una en estos momentos. Pero, de eso, tampoco puedo ni quiero hablar hoy. Porque, mientras escribo, noto que la luz del cuarto se adelgaza, y que también en esa habitación pasa el tiempo, aunque sea un tiempo inhumano, vacío y mineral.

Universidad de Duisburg, 1998

MATERIAL DE DERRIBO

Leí *Si te dicen que caí* apenas publicada. Miro el pie de imprenta que hace referencia a la primera edición, repaso los azares de mi vida laboral y pienso que tuvo que ser a fines de 1973 (?). Por entonces, yo trabajaba en La Tarántula, una pequeña librería (hoy, *hélas,* como tantas otras desaparecida), situada en un semisótano de la calle Sagasta, a un paso de la plaza de Alonso Martínez, en Madrid. Allí, a través de la prensa, nos llegó la noticia de que Juan Marsé había obtenido un prestigioso premio mexicano con una novela que, en su título, recogía parte de un verso del «Cara al sol», el himno que para la falange escribieron Dionisio Ridruejo y José María Alfaro. También se dijo enseguida que dicha novela, por razones políticas, no se publicaría ni distribuiría en España. Aunque el franquismo estaba a punto de agotarse por mera consunción del dictador, el país vivía un momento siniestro en el que parecía que los hábitos de la dictadura y su ferocidad iban a perpetuarse aun después de que Franco muriera: un momento de tremendo desánimo. Así lo reconoció el propio Marsé en el prólogo que, en 1988, tres lustros después de escribir la novela, le puso a la edición corregida y que él consideró definitiva: «Escribí esta novela convencido de que no se iba a publicar jamás», dice en dicho prólogo tardío.

Trabajar en La Tarántula (y en algunas otras librerías de Madrid), para un joven inquieto, entre proustiano y leninista, tenía la ventaja de que se podía acceder con facilidad a muchos de los libros que entraban clandestinamente en España, y cuya distribución estaba rigurosamente prohibida. Tenía el local en la trasera un espacio apenas más grande que un armario (creo recordar que lo llamábamos «el cuartito»), donde, junto a los artículos de limpieza, se guardaba un muestrario de esos libros condenados por la censura. A dicho «cuartito» se dejaba pasar a los clientes de confianza. Entre los títulos que estaban permanentemente allí, recuerdo algunos de los *Campos* de *El laberinto mágico* de Max Aub (los leí sin orden, a medida que pude hacerme con ellos: el primero que leí fue *Campo francés;* el segundo, *Campo de los almendros),* y también el otro laberinto, el que había escrito el historiador inglés afincado en Granada, Gerald Brenan, *El laberinto español,* así como los rudimentarios principios de filosofía de Georges Pulitzer, y el lúcido e instructivo manual de *Historia de España* de Pierre Vilar. En otro orden de cosas, más en apariencia relacionadas con las pulsiones de la carne que con los ideales de la política, tampoco faltaban nunca en ese armario los trópicos de Henri Miller; *El amante de Lady Chatterley* de D. H. Lawrence, o la *Justine* del Marqués de Sade. A todos esos libros se uniría muy pronto *Si te dicen que caí,* de Juan Marsé. Creo recordar que llegó un par de docenas de ejemplares (y que se vendieron muy pronto).

 El corredor de la distribuidora que ofrecía el libro se empeñó en regalarme uno de ellos, negándose a hacerme caso cuando le dije que no se preocupara, que ya me lo compraría yo, como acostumbraba a hacer con las novedades que hojeaba y me parecían de interés. «Este libro es otra cosa. Quiero que te lo leas ya», me dijo aquel hombre, con quien me unía cierta amistad, «estoy convencido de que se lo recomendarás a todo el mundo.»

Le hice caso. Empecé a leérmelo aquella misma tarde, mientras comía en el gélido apartamento del madrileño barrio del Pilar en el que, por entonces, vivía. Conocía las otras novelas de Marsé. Me las había leído, e incluso tenía algún ejemplar firmado por él (yo había trabajado un par de temporadas como vendedor en la caseta de Seix Barral durante la feria del libro): me firmó, si la memoria no me falla, *Últimas tardes con Teresa* y la edición de bolsillo de *Encerrados con un solo juguete*. Los he perdido los dos: ambos han desaparecido en alguno de los innumerables traslados que han punteado mi vida; a lo mejor están en la biblioteca del Centro Cultural Español de Fez, donde dejé buena parte de los libros que me habían acompañado durante los dos años que pasé en Marruecos; o en la de alguno de los amigos, no siempre cuidadosos, a quienes he prestado la casa o simplemente libros; quizá sigan dando tumbos por algún rastrillo. He encontrado en esos puestos callejeros de libros de lance volúmenes con mi firma que no quiero pensar de qué modo llegaron allí.

Digamos, por volver al hilo de lo que importa, que había leído cuanto había publicado Marsé hasta entonces, y seguí leyéndolo después: incluso leía con avidez los retratos de personajes que bajo el título *Señoras y Señores* aparecían cada semana en aquella desternillante revista que nos consolaba en la interminable espera, y que se llamaba *Hermano Lobo*. Me gustaban mucho los libros de Marsé, pero creo que no miento si digo que los admiraba más que los amaba, porque, sobre todo *Últimas tardes con Teresa*, esa novela que debía fascinar al joven leninista, había desazonado al joven proustiano, y uno y otro se peleaban dentro de mí con resultados desconcertantes: lo cierto es que apenas fui capaz de terminarla de leer, no porque no me pareciese buena, que me pareció magnífica, sino porque, seguramente, me había tocado algo que no me gustaba sentir; me había enseñado algo que no me gustaba ver. De «sarcástico» calificó un historiador de la literatura ese libro extraordinario (y cruel).

Yo era más joven que los personajes sobre los que Marsé había colocado su microscopio, y ni siquiera procedía de la burguesía –todo lo contrario–, pero sí que seguramente compartía con los jóvenes rebeldes de esa clase un catálogo de tics y lugares comunes que, como es obvio, no me reconocía, pero que tampoco me gustó contemplar tan ferozmente expuestos. Como suele ocurrir en esos casos, le eché la culpa al estilo (Proust le ganaba la baza a Lenin). Me negué a apreciar el primoroso trabajo de lenguaje que soportaba el libro: no lo haría hasta un par de años más tarde; más en concreto, hasta que, veintitantas horas después de que el corredor editorial me regalara un ejemplar de *Si te dicen que caí*, concluyese la lectura de esa novela convencido de que, efectivamente, el proustiano tenía razón (Marsé trabajaba con castigados materiales de derribo) pero también de que el leninista ganaba la partida: pocas veces en mi vida había leído un libro que me hubiera atrapado con tal violencia.

La historia me parecía deshilachada a trechos, un tanto confusa en su construcción, y, sin embargo, aquello funcionaba como una máquina infernal: me había pasado una tarde y una noche enteras leyendo y, de buena mañana, me estaba duchando para ir a trabajar y, en aquel estado insomne, ya pensaba que, cuando volviera del trabajo, tenía que empezar a leerme de nuevo ese libro que me había agarrado por las orejas, me había zarandeado, me había roto por dentro. Tenía que descubrir cuál era su autoridad, por qué se me imponía, por qué me esclavizaba de esa manera. Tuve que volver a sumergirme en *Si te dicen que caí* y, cuando terminé, leerme de nuevo *Últimas tardes con Teresa* para empezar a entender cuál era la autoridad de esas obras y aceptar el dominio de Marsé. Los segundos asaltos a uno y otro libro me cercioraron de que estaba ante un mago del lenguaje, y de que, por añadidura, en *Si te dicen que caí* el trabajo con esos materiales reciclados partía de un proyecto de relectura de todas las fórmulas literarias precedentes triturándolas hasta convertirlas en polvo para, desde el polvo, levantar una arquitectura radicalmente nueva, tan deslumbrante como desazonante. Que era, a la vez que una gran novela, la crítica de todos los artefactos literarios e ideológicos que la habían precedido. Lo diré de una vez: me di cuenta de que la lectura de Marsé me ponía ante uno de los escritores más grandes de la literatura española, y, por lo que se refería al segundo libro, ante una escritura nueva, radical, irrepetible.

Y eso se produjo a pesar de que, en esa relectura de *Si te dicen que caí*, la historia siguió pareciéndome a ratos confusa, mal hilvanada (¿resabios del joven proustiano?). La verdad es que no sé hasta qué punto tenía razón, pero ahora he aprendido que todo eso, siendo tan importante, daba igual. De hecho, ya me dio igual por entonces. A lo mejor es verdad que esta novela que, treinta años después, ha vuelto a zarandearme, a romperme, a hacerme sentir como una hormiga ante su grandeza, tenía en su primera edición ciertas incertidumbres, ciertas grietas de arquitectura que el autor –tal como explica en el prólogo del 88– pulió luego (dice Marsé en ese prólogo, citando palabras de Machado: «en labios de los niños, las canciones llevan confusa la historia y clara la pena»). No he comprobado las diferencias entre una edición y otra (también he perdido el libro de Novaro en cuya portada se veía el *Saturno devorando a su hijo* de Goya), ni siquiera he tenido demasiado interés en cotejarlas. Qué más da. Hoy, como balbuciente escritor, sé por experiencia que el poder de una novela reside en otra parte, está situado en un lugar distinto de su extremo cuidado formal. La lectura de malas traducciones que no consiguen derribar la grandeza de grandes libros me ha hecho reflexionar sobre ese misterio.

A pesar de todo, aún tendría que equivocarme una vez más con Juan Marsé cuando creí que *Un día volveré* eran los escombros de *Si te dicen que caí* por fin ordenados en un sólido edificio (durante años me pareció *Un día volveré* su novela más perfecta). Resulta difícil percibir a primera vista el poder de las obras que revolucionan la literatura de su tiempo y, a estas alturas, pareciéndome *Un día volveré* una novela soberbia, creo que se trata de una novela epigonal, como epigonales serán con respecto a *Si te dicen que caí* la mayoría de las distintas variantes que han continuado después de ella lo que acostumbramos a llamar «el realismo» o la narrativa de «la memoria» en España. Y es a Proust y no a Lenin a quien le debo haber aprendido eso. Dice Proust, poniendo como ejemplo a Renoir, que cada vez que una obra nos enseña a mirar desde otro lado, un nuevo continente se incorpora ya para siempre al arte. Y dice también que el mundo no ha sido creado de una sola vez, sino que se crea cada vez que nace un nuevo artista. Viene al caso la cita: En *Si te dicen que caí*, Marsé devoró a todos sus predecesores, los trituró y levantó sobre sus ruinas una nueva cota desde la que mirar.

Vuelto a leer hoy, lo que me fascina de ese libro es precisamente eso: el modo como Marsé ha conseguido hacer estallar el orden anterior y fundar una nueva mirada, mirar desde otro lugar y de otra manera, para contar como si fuera la primera vez algo que parecía que ya había agotado su capacidad de ser dicho (la inmediata posguerra y la formación de una nueva generación), ya que, para alcanzar esa cota, Marsé ha partido de una descarada voluntad de trabajar con los derribos. *Si te dicen que caí* es una novela escrita entre escombros y con escombros, que encuentra su precisa imagen en esa trapería del niño protagonista (Javaloyes/Marsé), en la que se amontonan los desperdicios que nadie quiere, las páginas de las revistas que ya no se publican, la ropa que no se usa, los restos que el tiempo ha dejado, un tiempo que no es inocente caída de hojas en el calendario y en los árboles, sino en el que el hombre se convierte en protagonista: destructivo instrumento triturador de objetos, de vidas e ideales de otros hombres. El tiempo brutal y alucinado cuya indignidad se repite y prolonga, como se repiten los ajusticiamientos en la playa (Torrijos y sus compañeros a punto de ser ejecutados, dibujados en el tapiz de una habitación en la que se celebran tristes ceremonias eróticas como antecedente de lo que ocurrirá siglo y medio después, igual la arena, las conchas en la playa, el chapoteo del mar, la alineación de víctimas y de verdugos).

En su voluntad de ser literatura de escombros, de vertedero, se sitúa el eje de este libro que nos dice: voy a contar los restos que quedaron y lo voy a contar con los restos del arte de contar que me habéis dejado. Marsé se distingue de otros escritores contemporáneos suyos en que matiza: pero lo voy a contar con todos los restos. Los voy a usar todos. De modo que convierte la novela en una *summa*, en una enciclopedia no sólo del archivo temático de la narrativa precedente, sino también de los elementos formales, para con todo ello construir una epopeya del vertedero de la historia. No en vano, ya lo hemos dicho, el escenario principal en el que transcurre el libro es una trapería y el personaje central, el que más se acerca al autor en esta novela que es novela de formación y de relevo de generaciones, es precisamente un trapero.

Cuenta así Marsé la génesis del libro: «Empecé a escribir una novela sin pensar en la reacción de la Censura ni en los editores ni en los lectores, ni mucho menos en conseguir anticipos, premios o halagos [...] pensaba solamente en los anónimos vecinos de un barrio pobre que ya no existe en Barcelona, en los furiosos muchachos de la posguerra que compartieron conmigo las calles leprosas y los juegos atroces, el miedo, el hambre y el frío; pensaba en cierto compromiso contraído conmigo mismo, con mi propia niñez y mi adolescencia, y en nada más. [...] Jamás he escrito un libro tan ensimismado, tan personal, con esa fiebre interior y ese desdén por lo que el destino pudiera depararle.»

Pero, asomémonos a la novela, miremos hacia el lugar desde el que mira, que es lateral, periférico: un extremo degradado de la ciudad –paredes leprosas, coronadas por vidrios rotos, arroyos de aguas podridas en las que chapotea una rata agónica– y, en ese barrio periférico, dos centros que son, también ellos, periferia de la periferia: una trapería y un subterráneo en ruinas. Vigila el conjunto la araña negra de los recientes vencedores, que aún gotea tinta. Hay rincones de tabernas, retretes, últimas filas de los cines. De espaldas, lejana, altiva, la ciudad rica, con sus balcones cubiertos de banderas victoriosas y sus escaleras de mármol y sus ascensores de vidrios esmerilados.

Si te dicen que caí mira, además de lateralmente, desde abajo de los de abajo. Los protagonistas son los niños hambrientos, sarnosos, tuberculosos, los más pobres en el barrio de los pobres: Java, Sarnita, el Tetas, Luis, Martín, la Trigueña, la Fueguiña, niños que viven su iniciación en ese mundo en ruina física y moral, y que son los hijos de aquellos a quienes la historia ya ha tirado a la cuneta: Meneses, El Taylor, Guillén, Sendra, El Fusam, Lage, la Trini, Palau, Bundó, «hombres de hierro, forjados en tantas batallas, llorando por los rincones de las tabernas como niños». La derrota no es completa hasta que no te conviertes, además de en vencido, en basura: los idealistas son ahora vulgares atracadores, chulos; las esposas y novias de los héroes, pajilleras de última fila de cine, putas de los más miserables cuartos del barrio chino. Hay hombres que fueron fusilados y yacen en algún lugar, hombres encarcelados, hombres topo (Marcos Javaloyes, el Marino), hombres asustados, hombres enloquecidos, o corrompidos, en esta novela de «padres e hijos», en este libro formativo que cuenta cómo de las ruinas de una generación derrotada surge otra corrompida y enferma. Hay incluso un «vencedor-vencido», un hombre que se condena a sí mismo a ser un periódico hombre topo, porque el triunfo en la guerra a veces es también amargo y porque no es exactamente igual que el triunfo sobre las pasiones. No estriba, sin embargo, el poder del libro en la elección del lugar y «del tema». Al fin y al cabo, existe una vieja tradición de novelas de los de abajo, incluso de los recogedores de los desechos de los demás, a las que la narrativa española puede sumar algunos dignos títulos como *La busca*, de Baroja, o *La horda*, de Blasco Ibáñez.

El acierto de *Si te dicen que caí* estriba en que Marsé no ha querido hacer una novela social, ni histórica, ni política; ni un folletín, ni un canto de piedad, de denuncia, de compasión, o de asco, sino que ha querido hacerlo todo a la vez; es decir, ha decidido hacer otra cosa, y, para eso, ha elegido no negarse ninguna técnica, ningún recurso, con una narración que oscila entre la omnisciencia, el perspectivismo, el monólogo interior, el estilo directo, la diacronía, la narración lineal, el espasmo lírico, la descripción objetiva, el expresionismo, la deformación en el callejón del gato, el sarcasmo, la piedad, lo grotesco. Y todo ello medido, calculado como los arquitectos calculan la resistencia de materiales, en un equilibrio por el que cada elemento sirve de compensación a otro, lo neutraliza, refuerza o niega, y, así, en ese juego que roza la perversidad, colabora en la construcción del edificio narrativo.

En su tarea, que tiene algo de furiosa espiral vertical, Marsé levanta su obra con todo lo que la literatura de trapería ha dejado a sus pies: las páginas sueltas de las revistas de la República, las de *Signal;* el folletín, los tebeos *(Monito y Fifí, El Guerrero del Antifaz),* las novelas baratas *(Doc Savage,*

Bill Barnes), las letras de los boleros («Perfidia», «Bésame mucho»), la copla española (Carmen de Lirio, Miguel de Molina), las películas de aventuras *(La corona de Hierro, Suez, El prisionero de Zenda),* y las de misterio *(Fu Manchú, Arsenio Lupin),* los cuentos infantiles, los *aventis* o relatos, rumores y bulos que corren por la calle: todo eso, formando un alucinado nudo, una red de narraciones desde cambiantes perspectivas que se entrecruzan y acaban por componer un experimento radicalmente original, una relectura de cada uno de los géneros en el que el pasado se expresa y, en conjunto, una relectura de ese pasado que se convierte en un torbellino, en un tornado ascendente en el que, de abajo arriba, los usos literarios más degradados entran en contacto con lo más alto del escalafón literario.

Es el propósito el que lo ordena y da sentido a todo. Los elementos procedentes de la realidad se convierten en materiales literarios: el lenguaje vulgar sufre una consciente reelaboración estética, de manera que acaba limitando a veces con el más alambicado gongorismo sin perder ni un ápice de su credibilidad, que es convención respetuosa de un código; algo similar podríamos decir del modo en que Marsé usa en la novela el tiempo, que a ratos parece brotar como fruto de las vacilaciones de la imprevisión, pero que cuando uno se para a analizarlo descubre que con lo que emparenta es con el sentido del tiempo de Faulkner en el *El ruido y la furia*, o en *Mientras agonizo;* su capacidad de abrir ante nuestros ojos la panorámica de la ciudad moderna nos hace pensar en el Döblin de *Berlin Alexanderplatz,* mientras que los referentes localizables del realismo hispano (los Goytisolo, Aldecoa, el propio Cela, e incluso Martín Santos) se convierten en meros referentes, cuando no en puentes que comunican con la tradición, muy especialmente con el barroco de Quevedo o con el desgarro de Valle-Inclán. De hecho, alguien debería estudiar el paralelismo entre lo que, para el teatro español, supuso la aparición de *Luces de bohemia* con lo que significa *Si te dicen que caí* para la narrativa. Creo que se trata de dos artefactos de similar calado, cercano propósito e idéntica sensibilidad, en los que la revolución lingüística está al servicio del propósito narrativo y la tensión estética es sólo una necesaria reordenación de la ética.

El conjunto compone un alucinado nudo, o, mejor, ya lo hemos dicho, un tornado de fuerza arrolladora que, con materiales extraídos desde abajo, se levanta hasta convertirse en ejemplo de cómo la narrativa aún puede servir de estremecida metáfora total sobre la condición humana (ahí el parentesco habría que buscarlo con Roberto Arlt y, a través de él, con Dostoievski), sin renunciar al propósito de comunicar eso que parece haberse esfumado de la novela contemporánea, la ilusión de vida, la capacidad para estimular la inmersión del lector en el mundo novelesco, su comunión con unos seres que, sin existir, han existido porque son trasuntos de otros que vivieron. Marsé llega a las cotas más altas de la literatura culta por consecuente radicalización de lo popular.

Además, el acierto de su experiencia narrativa, la posibilidad de que el mecanismo funcione con tanto vigor, estoy convencido de que se basa en que la novela está misteriosamente atada al autor, destila eso que se llama verdad literaria. Marsé ha conseguido transmitirnos la impresión de que nada de lo que narra le es ajeno (ni a él, ni a quien lo lee), lo cual lo enfrenta con el Cela de *La colmena*, donde el novelista se disfraza de entomólogo para enseñarnos el estúpido ir y venir de unos lejanos insectos. Quizá no está de más recordar que, recientemente, y con motivo de su muerte, los periódicos y revistas hablaban de que Cela había declarado de mal gusto tener un gesto de desagrado o miedo ante la muerte, y que su propósito era (¡nada menos!) que el de morir impávido, sin mover un músculo del rostro (se supone que así es como un caballero debe morir). Lo decía el hombre que había condenado a morir a sus personajes en las posiciones más «indignas» (metiéndose un cañón de escopeta por el culo, o de un tiro de un moro mientras se hace una paja). El Marsé de *Si te dicen que caí* podría decir de todos los personajes, incluso del que menos se le parece, lo que decía Flaubert de Madame Bovary *(«c'est moi»)*. Cada una de las muertes de sus personajes es su propia muerte, como es su propia enfermedad y su propio sexo lo que nos muestran los protagonistas del libro. Como decía Cernuda de Galdós, Marsé es tan grande que sabe colocarse a la altura de sus propios personajes, incluso de los que nos pueden parecer más abyectos, y se pone tan a ras de suelo que los tontos y los pedantes lo toman por pequeño.

En esa *summa* que es *Si te dicen que caí* hay que buscar –parece obvio, nada queda impertérrito tras una revolución– los hilos que conducen a las distintas escuelas por las que se han embarcado las diversas formas del «realismo» español y de la literatura de la memoria en los últimos años, y constatar el fracaso de la mayoría de sus epígonos (el Vázquez Montalbán de *El pianista* merecería un aparte como excepción). Marsé es Marsé y es inimitable, y su maquinaria funciona en conjunto y no admite que se rompan sus resortes y se desmembren las piezas. Sus sucesores (lirismo de la memoria, tremendismo, expresionismo paródico) no han conseguido volver a darnos esa potente impresión de contradictoria vida (se han quedado en la deconstrucción posmoderna), ni tampoco su capacidad para convertir la memoria en desazón, porque, en el complejo juego de equilibrios de *Si te dicen que caí,* la memoria no es jamás un refugio, ni una guarida en la que agazaparse, ni complacencia de una legitimidad, sino una forma de intemperie. Tras la devastación, no hay formas de inocencia: todo es malsano residuo, viene a decirnos el libro: nosotros mismos, culpable residuo.

De hecho, el soberbio esfuerzo de la novela por recuperar el tiempo perdido, por reparar las injusticias, se convierte, desde la perspectiva del Marsé de *Si te dicen que caí,* en un estrepitoso fracaso. Así se desprende del final del libro cuando el lector, que ha creído seguir el hilo de una historia de historias, se enfrenta a la duda de si lo que le fue contado como real era sólo un aventi, un cuento, un bulo que recorrió las calles. Como último golpe de piqueta en su trabajo de demolición, Marsé sabe que no puede aspirar a erigirse con la verdad; que su destino es ocupar con su historia un espacio entre las historias; utiliza el principio de Arquímedes de la literatura, según el cual la presencia de un nuevo elemento en un espacio desaloja a otro. Asume ser sólo una voz más que lucha por la apropiación del imaginario del pasado como ajuste de cuentas consigo mismo.

Beniarbeig, 2002

MADRID, 1938

Vemos las fotografías de los primeros años de la República y sentimos una especial emoción: los obreros y artesanos envueltos en banderas tricolores, los tranvías repletos de gente sonriente, y, enseguida, vemos las imágenes de los dramáticos instantes en los que el pueblo se apresura a parar el golpe fascista: los grupos esgrimiendo armas y corriendo hacia el cuartel de la Montaña con rostros que reflejan a la vez dolor, preocupación, esperanza, alegría y miedo, un montón de sentimientos contradictorios y entremezclados, pero que el observador atento descubre que están todos ellos envueltos por un celofán misterioso y positivo.

Y, luego, llegan esas otras fotos en las que aparecen casas desventradas, mujeres de luto, cascotes, niños que miran con espanto y hambre hacia la cámara, inocentes animales acribillados y con las patas en primer plano, largas hileras de gente cargada con sus miserables pertenencias...

Para algunos –entre los que me encuentro–, la emoción que transmiten esas imágenes es más intensa que otras tomadas en circunstancias similares, pero en otro tiempo y en otro lugar. Sólo algunas fotografías captadas durante los años de la Revolución Rusa parecen animar en mí ese mismo impulso emotivo. A veces me he preguntado por qué. ¿Qué guarda la guerra de España incluso para quienes no la vivimos? ¿Qué guarda la guerra de España para mí? Porque –pese a que a veces pueda parecer lo contrario– esas imágenes no formaron parte de mi infancia. Ni siquiera su recuerdo reflejado en las miradas de mis mayores, que sí que habían presenciado instantes como aquéllos, me fue transmitido, sino precisamente lo contrario. Es verdad que, en mi pueblo, aún quedaban hombres vestidos y peinados como aquéllos, hombres delgados, vestidos con chaquetas irregulares, pero jamás levantaron el puño aquellos hombres frente a mí (yo no vería puños levantados hasta muchos años más tarde y ya era gente vestida de distinta manera la que los levantaba); es verdad que en el pueblo en que nací también había niños con la cabeza rapada, y esos ojos inmensos y expresivos que regala la desnutrición, y había mujeres con la cabeza cubierta con un pañuelo que esperaban sentadas ante descomunales hatos de ropa, maletas de cartón y cestas de mimbre la llegada de un tren o de un destartalado autobús. A lo mejor, la cercanía de los personajes, de los protagonistas, el hecho de que, cuando los veo en las fotografías, me parezca haberlos conocido tiene algo que ver en esa emoción. Pero yo hablo o quiero hablar de otra cosa. Quiero hablar de cómo la memoria no de esas gentes, sino de los gestos que hacían esas gentes –levantar la bandera, tocarse la cabeza con una gorra de miliciano, esgrimir un arma o levantar el puño, construir una trinchera, morir–, no se me transmitió con los genes, con el cuerpo que mis padres me dieron, y ni siquiera con los primeros restregones de estropajo empapado en agua y jabón lagarto que el niño que fui recibió en el interior de un balde de metal blanco ribeteado de rojo en los bordes.

La recuperación de esas imágenes fue, para mí, para muchas personas de mi edad, más que el fruto de una herencia, el resultado de una voluntariosa excavación, porque en las casas de los vencidos el silencio se había apoderado de todo y, en las de los vencedores, el ruido impedía oír casi nada. Sólo desde ese pensamiento –el de que excavar y sacar a la luz aquellos años fue nuestra principal preocupación y tarea– consigo imponer una explicación razonable a por qué la emoción que siento ante esas imágenes es tan especial: es decir, que esas imágenes no me conmueven, o no nos conmueven a muchos, sólo porque componen flecos –gestos, caras, sonidos, músicas, maneras de vestir– que aún tuvimos ocasión de tocar con las puntas de los dedos quienes nacimos un decenio después de que todo hubiese concluido, sino porque ir descubriéndolas, como se descubre la imagen de una calcomanía a fuerza de frotar, fue el empeño en el que nos forjamos muchas personas de nuestra generación frente a nuestros padres y, sobre todo, frente al mundo desesperanzado que –ése sí– habíamos recibido en herencia.

Ahí creció nuestra independencia frente al silencio de los vencidos que nos impedían hablar porque habían decidido hacernos herederos de su derrota. Su herencia era el silencio, y no se la aceptamos, sino que decidimos empezar a hablar. Y creció también ahí –en la arqueología de ese período– nuestro necesario rencor frente a los gritos de los vencedores, cuya herencia era un ruido que impedía oír nada más que el estruendo de una música desafinada. Decidimos que había que parar de una vez aquellas músicas. Así fue como completamos el marco de nuestra formación sentimental y política. Porque tampoco quisimos que esa herencia de ruido nos perteneciera.

Todas las generaciones añoran el instante de fulgor de la infancia –la tarde de verano y luz en la que se grabó el atisbo del paraíso–. Y ese descubrimiento, excavar esa parcela de la historia inmediata, que era sobre la que se había establecido el unánime cerco de ruido y silencio, fue probablemente el instante de fulgor que perseguimos en nuestra juventud, un instante que edificamos con esfuerzo y con la voluntad de que iluminara la grisura cotidiana. Y porque, tal y como dice Benjamin, «articular históricamente el pasado no significa conocerlo "como verdaderamente ha sido", [sino que] significa adueñarse de un recuerdo tal y como relampaguea en un instante de peligro», hicimos de esa reconstrucción algo tan nuestro que hasta llegamos a creernos que se trataba de recuerdos que habíamos heredado.

Claro que aún nos faltaba aprender que aquellos años que vivimos como un pasajero estado de excepción no eran más que una forma de que la excepción se manifestara, y que el cerco de estruendo y de silencio que habíamos creído que se cernía sólo sobre la República y la guerra española (luego vendría el conocimiento de otras revoluciones) se reproduce en todos los períodos y sobre todos los períodos, y que la construcción de la historia no es más que una perpetua depredación y que la lucha por apropiarse de ella es una representación interminable. Tuvimos oportunidad de descubrir que la elaboración de la cultura como elemento decisivo de la memoria es una parcela más de una guerra que se prolonga por otros medios y que se vuelve más cruel en el momento en el que los más se hacen fuertes frente a los menos.

Nos lo enseñó la transición, que no fue un pacto sino la aplicación de una nueva estrategia en esa guerra de dominio de los menos sobre los más, y donde si hubo poca crueldad fue porque, por entonces, los menos eran fuertes y débiles los más. A la transición le debo la oportunidad que me brindó de descifrar mejor aquello que decía ese hombre del que tanto aprendo y tanto me gusta nombrar, Walter Benjamin. Él, que había sido testigo de un largo acto de esa interminable guerra, nos había advertido anticipadamente acerca de que el único historiador que tiene derecho a encender en el pasado la chispa de la esperanza es el que sabe que «ni siquiera los muertos estarán a salvo del enemigo, si éste vence». Benjamin añadía: «Y este enemigo no ha dejado de vencer.»

Hoy, aquí, en las jornadas que ahora comienzan, quisiera dejar entre ustedes esas palabras del filósofo alemán que decidió quedarse para siempre con nosotros en el cementerio de Port Bou. Nos advierten de que somos actores de un nuevo acto de esta obra interminable en la que, como aves de presa, luchamos por repartirnos las esperanzas de esas caras sonrientes de los primeros días de la República y también el sufrimiento de los rostros que se vuelve más atroz a medida que avanza la guerra, y los cascotes de los edificios caídos, y los muertos.

Conviene no olvidar que, de nuevo, los menos trabajan por añadirle a su patrimonio el sufrimiento de los más. Hace tres años vi a los autores de los contratos basura y del crimen de Estado utilizar esas imágenes de la guerra y los fragmentos de memoria que aún perduran en los supervivientes en vísperas de sus campañas electorales. Imaginé que los contabilizaban en el haber de las partidas reservadas de financiación ilegal. Veo hoy a quienes apenas han tenido tiempo de cambiarse el uniforme con que mataron a los muertos, homenajearlos, inaugurar fundaciones que llevan el nombre de las víctimas y dar conciertos en su honor, derrotándolos una vez más, queriéndonos demostrar a todos con sus gestos lo poco que vale la obra de un autor, lo inútiles que son las palabras que se escriben y los gestos que se efectúan contra el poder, porque siempre acaban siendo propiedad de quien es propietario de todas las cosas. Estas jornadas sólo sirven para algo si sirven para denunciar la ilegitimidad de ese patrimonio que les han arrebatado los menos a los más.

Jornadas sobre Literatura y Guerra Civil,
Ateneo de Madrid, 1998

EL ECO DE UN DISPARO

Cuando un crítico habla de su pasión por un escritor al que define como *autor de culto*, generalmente intenta buscarse un espacio en el juego de palabras de cierta élite, un lugar al sol de los pocos privilegiados que son capaces de gustar de esa obra que el vulgo no aprecia. Y, sin embargo, para una vez que me visto de crítico, me toca hablar de Juan Eduardo Zúñiga como de un autor de culto. Pido disculpas.

Hasta la fecha, Juan Eduardo Zúñiga ha sido autor de unos pocos, y no porque su obra se oculte bajo ningún manto de clandestinidad, ni mucho menos. Sus libros se publican en prestigiosas editoriales (antes Bruguera, hoy Alfaguara), reciben magníficas críticas en la prensa, y escritores de muchas campanillas y muchas ventas se reclaman como humildes discípulos de su *Largo noviembre de Madrid*, no sé si, además de porque han aprendido unas cuantas cosas de ese libro, también porque buscan algún tipo de parentesco con determinada forma de dignidad, hoy casi desvanecida: todo escritor conoce la conveniencia de que se emparente su obra con ciertos autores y ciertos libros cuya compañía a veces honra y a veces sólo justifica.

Bueno, pues si a pesar de cuanto hasta aquí llevamos dicho, seguimos considerando que Juan Eduardo Zúñiga es un autor de culto, habrá que preguntarse qué es lo que tiene su obra de inasible, de voluntad de permanecer aparte, hasta el punto de que la existencia de un libro de vital importancia para la narrativa contemporánea española como es ese *Largo noviembre de Madrid* les pasara inadvertido a dos hombres tan sagaces como Francisco Rico y Darío Villanueva, autores de una *Historia crítica de la literatura española,* publicada en 1992 por la Editorial Crítica: un grueso volumen en el que aparecíamos hasta el último gato de la narrativa, y donde Soledad Puértolas merecía diez páginas, Mendoza once, Millás y Marías ocho cada uno, y dos quien esto escribe (que, por entonces, sólo había publicado una primera novela). En esa *Historia,* Zúñiga, de cuya obra tantos autores se reclaman hoy herederos, y que empieza a ser defendido por quienes en su momento rodearon su obra con una campana de cristal, no merecía más que dos líneas, estas que siguen: «Por el contrario, en los relatos de un autor de más edad que los jóvenes citados unas líneas arriba, Juan Eduardo Zúñiga *(La tierra será un paraíso,* 1989), la guerra vuelve con una postura testimonial y crítica.» Eso era todo, para alguien que –quizá con Juan Iturralde, el recientemente fallecido autor de *Días de llamas–* había renovado, con la publicación en 1980 de *Largo noviembre de Madrid,* la visión del ciclo literario sobre nuestra Guerra Civil, rompiendo con la forzada e ideológicamente interesada polémica entre contenutistas y formalistas, y mostrando la viabilidad de un realismo complejo en el que lo de dentro –la psicología– y lo de fuera –la historia– forman un todo poliédrico, que permite el tejido de una madeja literaria acorde con las exigencias más radicales de la nueva crítica: densidad y saturación de la expresión formal, polisemia (referencias múltiples y complejas), reelaboración canónica de la tradición, ejemplificación de la narración y capacidad para convertirse en símbolo, etc. Zúñiga, con sus relatos de *Largo noviembre de Madrid,* situaba el tema de la

Guerra Civil en el espacio de la narrativa moderna, y hacía posible un texto que, hundiendo sus raíces en la realidad de la historia, fuera inequívocamente literario. Su obra no toleraba sospechas de connivencia con el pastiche, o con la vulgarización de la guardarropía de la novela histórica, y, por eso, porque resultaba difícilmente asimilable, quizá lo más cómodo fue dejarla de lado, estableciendo una estrategia de ruido que no dejaba ver más que las *Herrumbrosas lanzas* de Benet, como si su ambición de renovación del lenguaje fuera la única existente en el ciclo narrativo de la guerra.

Pero ese quedarse a un lado componía la propia esencia literaria del libro de Zúñiga, ya que su densa prosa, fundada en una sintaxis de insólita complejidad y belleza, parecía no tener otro objeto que envolver el hecho mismo, que en este caso era el conflicto bélico –a la vez conflicto de vidas y de clases (poco atento Benet, huidizo o despectivo, a este último aspecto fundamental en la guerra española)– y quedarse al lado, sin poner el foco en la esencia de los hechos, sino en sus aledaños, tal vez con la sabiduría de quien ya da por supuesto que la búsqueda del centro es la búsqueda de la nada (ahora, en estos amargos días de guerra, en este largo abril de Yugoslavia, vemos el vacío de quienes, a través de la televisión, nos enseñan marcados con una X lo que se esfuerzan por llamar el centro del conflicto: los objetivos militares. Y sabemos que ese modo de enseñarnos lo fundamental es la forma suprema de mentirnos). Zúñiga componía un ejemplar código cívico, en el que el ruido de lo público (la historia, la guerra) formaba una cascada de ecos en lo privado (la ambición, el egoísmo, la solidaridad, el amor, la pasión, el sexo), y su prosa era esa precisa cascada de ecos, que dejaba al ámbito de la historia el estudio del estallido.

Con *Flores de plomo*, Zúñiga retoma un viejo tema suyo, el suicidio del escritor y periodista «Fígaro» en Madrid, un lunes de carnaval de 1837. El personaje y el asunto ya lo habían tentado tiempo atrás, y fruto de esa fascinación publicó en 1967 un texto sobre los *Artículos sociales de Mariano José de Larra*. Ahora regresa a esos instantes otorgándoles forma novelística. El libro parte del último gesto de Larra antes de suicidarse –una visita a Ramón de Mesonero Romanos– para luego trazar un collar de anécdotas en torno al disparo con el que el lúcido crítico se quitó la vida. Si se excluye ese primer momento, la visita, nada sabemos de las andanzas y motivaciones del personaje para tomar la irrevocable decisión, nada se nos muestra del momento mismo en el que se produce el disparo. Sabemos lo que hacen quienes lo rodean en aquellas horas –el propio Mesonero; la hastiada amante, Dolores Armijo; y su cuñada María Manuela; la esposa del ministro Landero, vecina del propio Larra; el mediocre Roca de Togores; el oportunista Zorrilla; el hijo de una mujer infiel; su republicano zapatero; sus padres–, y, por ello, por ese engarce de situaciones aparentemente independientes, el título del libro adquiere al menos un doble sentido, dado que las flores a las que alude lo son tanto como ofrenda por la muerte del evanescente protagonista, como también por la construcción literaria que ha elegido Zúñiga, ya que la novela se ordena a la manera como lo hacían esos florilegios cristianos en los que se recogían anécdotas ligadas a la vida y milagros de un santo.

En la construcción de esa estructura periférica, de ese cerco al hecho, dejándonos escuchar los ecos del disparo, pero impidiéndonos entrar a la habitación del suicida, Zúñiga ha permanecido fiel a sus presupuestos estéticos (y, por ende, morales), pero ha variado radicalmente su estrategia estilística. Ha sustituido la prosa envolvente y densa de sus anteriores obras, que creaba una gasa en torno al corazón de los hechos, por una nueva forma de lateralidad basada en la precisión de unas frases cortas como gatillazos y de una pureza renacentista, casi garcilasiana. Con tan certero material estilístico, que se traduce en la precisa narración de algunos de los movimientos de ese coro que rodea al actor trágico, ha mostrado Zúñiga un entramado de pasiones privadas que contrapuntea, en su mezquina vulgaridad, la geografía de un sombrío Madrid poblado de máscaras aquel lunes de carnaval de 1837. Y así, ha acertado a componer un desolador aguafuerte goyesco, un contenido y grave esperpento que –en su contención– limita con la desmesura de Valle-Inclán, o con el desgarro de los versos de Machado sobre una España permanentemente vestida de carnaval.

Aún va más lejos en su voluntad de ejercicio cívico el libro de Zúñiga –en su búsqueda del espacio de lo público–, ya que, al final, e insospechadamente, la trama literaria se permite avanzar casi un siglo en el campo semántico de la historia para ofrecernos a modo de epílogo ese disparo del que sólo habíamos oído los ecos y que compone el nife del libro. Esta vez es la mano de Felipe Trigo la que apunta la pistola contra sí mismo, la que lo convierte en suicida. Y ahora sí que a los lectores se nos convoca como impotentes testigos. Zúñiga nos incita así a contemplar el gesto de Trigo como aburrida repetición del de Larra; y nos revela con un fogonazo cegador cómo la constancia y la repetición de ciertos gestos privados adquieren el alarmante carácter de síntomas de un país enfermo, de una España rota y triste, vestida con harapos sólo en apariencia cambiantes. Las flores que creíamos destinadas a la tumba de Larra empiezan, así, a marchitarse sobre nuestras propias vidas.

Madrid, 1998

DE LUGARES Y LENGUAS

Cuando llevaba ya bastantes años de exilio mexicano, Max Aub escribió un cuento que tituló «Homenaje a Lázaro Valdés» en el que narra no sólo el dolor por la pérdida del lugar del que se forma parte –la derrota en la guerra había supuesto la ocupación del territorio español por la ilegitimidad de los vencedores–, sino también por una pérdida más sutil e irreversible: la de la interpretación de ese territorio y de su historia; la pérdida de la memoria y su entrega en exclusiva a otros. Aub expresa esa intuición a través del desarrollo del citado cuento en el que un exiliado como él, transcurrido casi un decenio desde el final de la guerra (la narración se sitúa en 1947), discute con su ahijado, al que recogió de niño en el barco que trasladaba a los vencidos a México, acerca de si aún recuerda o ha olvidado ya las calles de Barcelona, una discusión que concluye con la altiva afirmación del muchacho, que dice: «Yo ya no me acuerdo de aquello, ¿y qué?»

Esa misma noche, Lázaro Valdés decide escribir unas páginas con la intención de ofrecérselas a su ahijado como regalo en el veintiún cumpleaños, se diría que a modo de rito de madurez. En esa larga carta, intenta demostrarle al joven que el hombre no es sólo el hombre; que la reconquista de

España (ése es el término que utiliza, «reconquista») no se limitará sólo al hombre, sino a todo cuanto lo rodea. «No, Marcos, no [le dice], se trata también de volver a tener lo que el hombre hizo y, además, lo que hace: el Arlanzón y el Tajo, los picos de Europa, Urbión y el Moncayo. Cuando luchas por España, no es sólo para volver: es para que las piedras de Valladolid, las de Alcoy, las de Granada, vuelvan a ser tuyas, claras y libres [...] (Salamanca entera: San Esteban dorado; la catedral, como ascua; la casa de Monterrey; la Universidad de oro cálido. Y Candelaria [Aub se refiere sin duda a Candelario, y debe de tratarse de una errata, ¿o es que él mismo ya había empezado a olvidar la toponimia?], y Miranda del Castañar, y las Hurdes). ¿No oyes las piedras? ¿No te dicen nada los ríos? (entre Eresma y Clamores, Segovia mía...). Porque, piénsalo, dices: allí están inmutables, y no es cierto; ni el Tormes es ahora el Tormes, ni el Duero es ahora el Duero, ni el Guadalquivir es ahora el Guadalquivir que tú conociste. Los ríos y las montañas de tus recuerdos no son ahora, Marcos, más que recuerdos. Y para que vuelvan a ser de verdad tienes que volver a luchar por ellos.»

Resultan premonitorias las palabras de Lázaro Valdés, seguramente un eco de lo que Aub debía de estar diciéndose a sí mismo por entonces, al sufrir esa doble lejanía: su propia memoria empezaba a adulterar los recuerdos que de España tenía, distorsionándolos, convirtiendo su dibujo mental en una interesada caricatura; al mismo tiempo, el propio país, ocupado por los vencedores de la guerra, tenía que estar por fuerza cambiando, dejando de ser el que era, y ese cambio tenía que producirse, además, en una dirección que a Aub y a los otros exiliados iría dejándolos cada vez más ajenos. El exilio no condenaba a quienes habían tenido que abandonar su tierra a vivir una vida paralela a la del país abandonado, como pudieron pensar a simple vista, sino que país y exilio iniciaban el mismo día de la derrota caminos divergentes y cada vez más alejados. El propio Aub tendría ocasión de comprobarlo dolorosamente cuando, en 1969, se decidió a volver en un breve viaje y descubrió que España no había sido secuestrada ni esperaba ansiosa su liberación. Nada de eso: era otra que poco tenía que ver con la que él –judío francoalemán– había decidido convertir en suya más de medio siglo antes, cuando llegó, con once años, a Valencia en 1914, en su primera experiencia de extrañamiento. Llegó a Valencia y se hizo valenciano y ya no dejó nunca de serlo: como si hubiera decidido convertir aquella experiencia de desarraigo en la última y ya no hubiera aceptado otros cambios de patria. Aub contó el desencuentro con España que se produjo durante su viaje en ese libro amargo que lleva por título *La gallina ciega,* un texto lúcido que nadie debería dejar de leer para entender muchas de las cosas ocurridas durante esa larga traición llamada transición.

Entre 1914 y 1939, Aub había cambiado su lengua familiar por el castellano y, como Nabokov, Cendrars y Conrad hicieron al cambiar el ruso o el polaco por el inglés, a medida que fue convirtiéndose en escritor fue nacionalizándose en su nueva lengua. Lo escribió él mismo en su segunda versión de la *Vida y obra de Luis Álvarez Petreña:* «Cendrars, Conrad: los hombres que, ya muertos, me formaron de nuevo, se hicieron en otro idioma que en el que vinieron a ser. Es decir, que no pasaron del limbo a la vida sino de la muerte, del ser, en otro ser, a ser, y posiblemente en su primera existencia no se parecían nada a lo que fueron.» Pero esa elegida patria no era para Aub sólo un idioma: era, como bien escribe Lázaro Valdés, todo un complicado sistema de relaciones entre los hombres y el medio, de los hombres entre sí y de las ideas que los hombres se hacen de sí mismos y del medio en que viven. Aub, que al fin y al cabo era novelista y no poeta, no podía sentir como Cernuda que la patria era nada más que la lengua. Cernuda, en su estremecedor

Díptico español dice: «Si soy español, lo soy / A la manera de aquellos que no pueden / Ser otra cosa: y entre todas las cargas / Que, al nacer yo, el destino pusiera / Sobre mí, ha sido ésa la más dura, / No he cambiado de tierra, / Porque no es posible a quien su lengua une, / Hasta la muerte, al menester de poesía.»

La posición de Aub –se descubre a simple vista– es bien distinta. En vez de desplante, hay reivindicación moral y, además, como novelista, no puede quedarse en el espacio de la lengua como se permite el poeta, porque la lengua del novelista está indisolublemente ligada a la vida de sus personajes en desarrollo y Aub sabía que esa imagen suya de la vida se había congelado en 1939, o, lo que es aún peor, se iba desvaneciendo, y la necesaria experiencia de España concluía el mismo día en que había dejado de pisar su suelo. De lo que había venido después, de lo que estaba pasando allí y ahora, en su lejano país, ya no sería cronista: sólo podía escribir como espejo de sus deseos. Así lo escribió en *La verdadera historia de la muerte de Francisco Franco*: la locura de unos exiliados que viven en la burbuja de un café del DF, ni españoles ni mexicanos, con un mismo idioma que el resto de la población, sí, pero cargado de matices, de referentes distintos, de emociones distintas; castellano de Castilla, castellano de México: el uno pone los sentimientos en el olor a pan de trigo, el otro en el de las tortillas de maíz. El idioma es un almacén en el que se recoge la experiencia de cada pueblo y, en cualquier colonización, cuando un idioma se impone a otro, el recién llegado, el colonizador, cambia sutilmente el sentido de muchos de sus conceptos, que parecen decir lo mismo y están empezando a decir lo diverso, y son una cosa para los colonizadores llegados y otra para los colonizados. Digamos que el colonizado socava y mina el lenguaje impuesto no sólo como una sutil y voluntariosa defensa, sino también por necesidad. El sincretismo religioso creo que lo explica estupendamente: esos templos cristianos levantados sobre los de otros dioses que se visten con el ropaje del recién llegado y toman sus nombres propios, pero que siguen representando los símbolos que la necesidad del nativo encarnó en ellos: fertilidad, protección contra tal o cual elemento, alivio del dolor, auxilio ante la soledad radical del acto de la muerte, se deslizan hacia su propia cosmogonía sentimental, porque cada pueblo tiene sus sentimientos como tiene sus palabras (los unos y las otras nos hablan de la historia: no creo que la palabra guerra signifique lo mismo para un norteamericano de setenta años que para un español o para un alemán, o para un vietnamita o para un japonés de la misma edad); como dice un tal Lanchester en un reciente y, por lo demás, prescindible libro que he leído hace poco y que se titula *En busca del placer:* «No es lo mismo aburrirse que tener *ennui*.» La traducción simplifica o matiza los significados, viene de alguna manera a alterarlos.

Leída así, como la reconquista de un territorio, como la lucha contra una invasión, la obra posterior a la guerra de Max Aub es el desesperado empeño por trazar un preciso mapa de España, una literaria geografía libre de las transformaciones que los vencedores están imponiendo a la real, un territorio que ocupe todos esos espacios de los que habla Valdés: la tierra que hace al hombre y también la obra del hombre, y sus pensamientos, y sus ilusiones; pero, además, incluye ese mapa de Aub un territorio propio, personal, en el que mantener intacto el edificio de sus recuerdos no sólo como lección de historia, sino como completo archivo de los sentimientos y de cuanto los provoca: la gente, sí, pero también el sustento de las ideas que piensan y discuten, y el suelo que pisan y el paisaje en el que se mueven, no como ante un decorado, sino como una forma compleja y sutil de experiencia que incluye hasta el tono de voz y el acento con que pronuncian las palabras —siempre tan presentes esas observaciones acerca de la procedencia geográfica y la entonación en las descripciones de personajes que aparecen en sus libros–, así como los colores, olores y sabores: toda esa complicada mampostería que compone la catedral de la memoria. No se trata del mapa de Región que dibujó Benet, que es, sobre todo, geológico, geología más luz. Se parece más al que trazó Faulkner, a su condado de Yoknapatawpha, por la densidad que todo lo envuelve, aunque Faulkner, como le pasará a Proust –ese mórbido de sensualidad tan alejada de los personajes de Aub–, no ha perdido los lugares, los tiene a mano, incluso demasiado cerca: puede permitirse cambiarles sus nombres, disimular las huellas de las pisadas de sus personajes alterando el trazado de los caminos, disfrazando el entorno, mientras que Aub no puede permitirse ese juego. Necesita reconquistar (recordemos: ésa, «reconquista», es la palabra que usa Lázaro Valdés) una toponimia precisa, recordarla a todas horas para que no se le olvide, porque los vencedores de la guerra se la han dejado nada más que en la memoria y olvidar se convierte en una nueva etapa de la usurpación.

Las calles de Madrid y Barcelona (la carta de Valdés empieza por esa razón, porque el ahijado empieza a olvidar las calles de Barcelona y, además, asegura que ese olvido no le importa), los campos de Teruel, la Mancha. Y, muy especialmente, Valencia. Alguien debería estudiar la presencia de Valencia en Max Aub: marcar la cantidad de veces que aparece la toponimia de la capital o la de sus pueblos y comarcas en sus novelas sería un buen termómetro que daría una idea aproximada del dolor de esa ausencia en su vida de exilio. Y quien hiciese ese estudio tendría que analizar qué es lo que hay de diferente en el trato que Aub da a Valencia en sus novelas del que otorga al resto de España. No se trata sólo de que el *El laberinto mágico*, esa descomunal obra que componen los seis volúmenes de los *Campos*, se inicie y concluya en Viver de las Aguas, en el acto ritual del toro de fuego, y que de allí sea el personaje con el que arranca la obra y cuya presencia (la presencia de su sombra, porque ese personaje ha muerto) la recorrerá como un fantasma que se aparece periódicamente, ni que la «Addenda» que cierra los campos sea la carta de una mujer que habla de una niña de Alcira –su hija– que cantó la salve para las monjas antes de que la fusilaran, ni que los últimos capítulos se refieran a la desesperación de los derrotados en el camino entre Valencia y Alicante –últimas bolsas del gobierno republicano– y finalmente en la amargura de la impotencia que se apodera de todos ya en el puerto de Alicante, la misma ciudad donde también concluirá *Las buenas intenciones*, precisamente en idénticas circunstancias; ni siquiera se trata de que sus protagonistas Vicente y Asunción sean de allí, de Valencia, o que aparezcan multitud de personajes de la zona (incluso Agustín Alfaro, el madrileño protagonista de la teóricamente madrileña y galdosiana *Las buenas intenciones*, trabaja como viajante y vende juguetes de Ibi); eso sería sólo una parte, piezas de un rompecabezas complejo, o huellas de una ruta secreta que recorre toda su obra, formando una especie de senda recurrente.

Alguien debería escribir acerca de las relaciones de Aub con Valencia, no desde una perspectiva costumbrista, o como una mera declaración de algo que nunca sería gran cosa, por más que satisficiese cierto gusto de color local: no me refiero sólo a eso, a los paisajes de Aub, al vocabulario de Aub que se tiñe o contamina voluntariosamente con expresiones de la zona y hasta, cada vez que aparece alguno de los muchos personajes valencianos que pueblan sus obras, con vocablos en su lengua. No se trata de eso sólo, aunque de eso hablaremos más adelante. En su universo narrativo, además de expresar –lo de la lengua– las contradicciones a que después nos referiremos, hay que tomar ese conjunto como síntomas de una poética en la que Valencia adquiere el valor de un fantasma cargado de significantes y que simboliza algo así como el polo positivo de su narrativa: la luz, la juventud perdida. Vicente y Asunción, los protagonistas de los *Campos*, esa especie de peripatéticos novios de Manzoni que hilvanan toda la trama del ciclo novelesco, son de allí, se buscan allí, son jóvenes y hermosos. Aub llegará a decir en el último volumen que está enamorado de ella, de Asunción, de su juventud, de esa juventud que otorga la literatura, que hace mantener bello e idéntico en su edad al personaje literario cuando el autor ya ha envejecido.

Con ocasión de la reciente lectura de Aub, yo mismo he practicado por curiosidad ese ejercicio que proponía a otros unas líneas más arriba: he subrayado cada vez que aparecía nombrado en alguno de sus libros algo relacionado con Valencia y puedo asegurar que resulta verdaderamente apabullante la cantidad de veces que he tenido que coger el lápiz. Valencia es como una obsesión permanente, y yo me atrevería a decirle a quien se decidiera a escribir ese estudio de las relaciones de Aub con Valencia y lo valenciano que intentara analizarlas como el contrapunto de lo privado en una obra marcada por su vocación pública. Valencia, en Aub, remite a los valores íntimos que tienen que ver con lo más secreto de cada cual.

Hay dos momentos –uno de *Campo de sangre* y otro de *Las buenas intenciones*– que me parecen especialmente significativos de esos excursos valencianos de Aub. En *Campo de sangre*, mientras las bombas de los fascistas caen sobre la ciudad de Barcelona, un personaje desconocido, uno de esos secundarios que le sirven a Aub para escaparse del eje central de sus novelas y, con esas escapadas, ir cimentándolas, permanece encerrado –con otra mucha gente– en uno de los túneles del metro que se utilizan como refugio contra las bombas. Allí, en la tensa oscuridad cercada por la muerte que se apodera del exterior, recuerda el hombre que es diecinueve de marzo, San José, y piensa en Valencia restallante de animación y sol, las calles de Valencia –en el recuerdo del personaje que se enfrenta a la cercanía de la muerte– huelen a buñuelos en ese día de fiesta. Y Aub concluye el paseo por la vida diciendo textualmente que el hombre «confunde el olor de la muerte con el del aceite rancio de la buñolería, ambos se le cogen a la garganta, asoman, vueltos agua salada, vidriando el mirar».

También en la madrileñísima y galdosiana *Las buenas intenciones* Aub se escapa en las últimas páginas hacia su tierra de adopción o –sería mejor decirlo así– de libre elección: Valencia. Y no sólo porque –como ocurre al final de los *Campos*– el protagonista, Agustín Alfaro, acaba apresado –y asesinado– en la terrible bolsa de la derrota en Alicante, sino porque también en este caso acaba perdiéndose el novelista en la historia de uno de los secundarios, un tal El Tellina, que, ante la irreversibilidad de la derrota y el presentimiento de una cercana muerte que este hombre parece olfatear con sus instintos, busca su tierra, Valencia, como un animal herido busca su madriguera. El Tellina es uno de esos valencianos «guapos» de ideología entre anarquista, blasquista y lerrouxista, mitad ideólogo, mitad avispado pícaro y negociante, y tiene antecedentes en otras obras de Aub. El Grauero, que aparece en los *Campos,* sería otra variante de ese tipo literario, con su mezcla de ingenio, crueldad e ingenuidad. Tipos a los que Aub acostumbra a hacer nacer en los barrios marineros: así lo indican sus nombres, El Grauero, El Tellina.

Volviendo a la historia de El Tellina cabe decir que le sirve para que, en la recta final de *Las buenas intenciones,* su novela de Madrid, Aub se dé un nostálgico paseo por ese luminoso espacio en el que el autor ha puesto los misterios del corazón, ya lo hemos dicho, el de los personajes positivos –Vicente, Asunción– pero también el de estos otros que son como una contradictoria presencia del hervor de la vida, y en los que los rasgos del mal van mezclados con los de una sorprendente vitalidad no carente de simpatía, porque Aub –como Galdós en *Torquemada*– sabe que el mal es complejo y está lleno de fisuras. Así, nos enteramos de que El Tellina se llama de ese modo porque es hijo de una «vieja muy apañada, blanca, con el pelo de plata, que tenía un puesto –una paraeta– [puntualiza entre guiones Aub, volviendo al vocabulario local: necesita oír hablar a los de su tierra, escucharlos, además de seguirlos en su geografía] en el mercado de San Juan». Y también llegamos a saber que es de Pueblo Nuevo del Mar. Aub, a continuación, nos pasea por el Grao, por «la calle de Guillem de Castro esquina a la de Murillo, frente a las torres de Cuarte», por el lecho del Turia y por los puestos de los gitanos, caldereros y tratantes de ganado que allí se instalaban (en un homenaje a Blasco que sitúa allí uno de los escenarios de su novela *La barraca:* homenaje que Aub extenderá, haciéndolo más explícito, como enseguida tendremos ocasión de ver), por el café Martí, por el Casino Liberal y por el Lion d'Or, en la plaza de la Pelota; por la plaza de las Escuelas Pías. El corazón de Asunción y Vicente está en una Valencia de republicanos generosos, de teatros cultos, de museos, e intelectuales y artistas (ojo: también de traidores); el de El Tellina en una ciudad de tahúres, carteristas y políticos corruptos. Pero es la misma ciudad y es la ciudad del novelista que la quiere con unos y con otros porque le devuelve la complejidad de la vida en su instante de plenitud.

El Tellina –como El Grauero– forman parte de ese blasquismo que en *Nosaltres els valencians* le hizo escribir a Joan Fuster: *«El dia que serà examinada desapassionadament la conducta política de Blasco, veurem que ha estat clarament funesta per al País Valencià i per a totes les seves classes»*,[1] y que,

---

1. «El día que se examine desapasionadamente la conducta de Blasco, veremos que ha sido claramente funesta para el País Valenciano y para todas sus clases.»

en Barcelona, tuvo su equivalente en el demagogo Lerroux. De hecho, El Tellina de la novela de Aub hará un encendido canto de don Vicente y, entre otras cosas, dirá: «Para comprenderlo había que verle: era un dios», y hablará de la redacción de *El Pueblo*, donde Blasco, para admiración de este Tellina, escribía tantas páginas como hicieran falta para cubrir el periódico: «"*Ché*", don Vicent, que faltan diez cuartillas para el folletón. Él se apartaba de sus compañeros, y allí mismo, en la esquina de una mesa, sin retocar una palabra, escribía lo que hacía falta. Y eran *La barraca, Cañas y barro, Arroz y tartana*. Era una fuerza de la naturaleza. Sus novelas no pueden darte una idea de cómo era, parecía un dios, con unas barbas suaves, negras, brillantes, como las de un jefe árabe.»

Sin quitarle ni un ápice de razón a Fuster por lo que se refiere al Blasco político, al que presumía de cosmopolita vendedor de ideas y de libros, y al que yo creo que Fuster le echaba en cara su abandono de la lengua, del valenciano (*«Entre dues llengües es planteja la disjuntiva del nostre poble. I s'hi planteja, no sols pel que la llengua suposa en ella mateixa –una història, una cultura passada, y present, una forma d'ésser–, sinó igualment pel que representa d'opció civil de cara al futur»*,[1] pensaba no sin cierta razón Fuster), hay que reconocer que, sin él, sin Blasco, resulta mucho más difícil vislumbrar las raíces de la Valencia contemporánea, y que hay que volver una y otra vez a sus novelas cuando queremos entender los mecanismos con que Valencia se construye: es cierto que algunas de sus novelas valencianas (pienso en *Entre naranjos*) ya tienen esos afectados toques de folletón de lujo que

---

1. «La disyuntiva de nuestro pueblo se plantea entre dos lenguas. Y se plantea no sólo por lo que la lengua supone en ella misma –una historia, una cultura pasada y presente, una forma de ser–, sino también por lo que representa de opción civil de cara al futuro.»

caracterizarán su obra internacional, pero otras, excesos tremendistas aparte, forman un rompecabezas imprescindible y de altura literaria: no creo que nadie se atreva a discutírsela a *Arroz y tartana* (pocas obras de su época han soportado tan bien el paso del tiempo), a muchos capítulos de *Cañas y barro* o de *La barraca*, aunque hoy nos resulte un poco ingenuo el afán, tan del XIX francés digerido deprisa por Blasco, de crear galerías de personajes víctimas del medio.

Sin embargo, el medio funciona en esas novelas de Blasco. Y no creo que sea sólo costumbrismo lo que se nos ofrece en ellas. Blanco Aguinaga, en su libro *Juventud del 98*, ha estudiado su trilogía de novelas sociales, *La catedral*, *La bodega* y *La horda*, marcando su certera composición de maquinaria de la lucha de clases en tres ambientes distintos (Toledo, Jerez, Madrid), en un trabajo cuyas conclusiones podrían extenderse a los libros que acabo de citar.

Resulta curioso, desde tal perspectiva, estudiar ese libro apasionante que es *Arroz y tartana*, la denuncia del esnobismo de los vendedores del mercado de la capital, que se cambian precipitadamente de clase intentando formar parte de una burguesía boba y exhibicionista que, como un elemento más en ese cambio del trabajo honesto de la pequeña burguesía artesana por la ostentación, y del ahorro por la especulación y el agiotismo, introducen el cambio del valenciano por el castellano. Balzac había escrito un fenómeno parecido en Francia (pienso ahora en la extraordinaria novela que lleva por título *Cesar Birotteau*), y Galdós en España *(Torquemada* y tantas otras novelas suyas hablan de eso). Pero en Blasco aparece como novedad característica de la zona (eso que los althuserianos de los sesenta llamaban la *sobredeterminación* al hablar del papel del elemento nacional en las revoluciones) la denuncia del casi inevitable proceso del cambio de lengua como signo de la voluntad de cambio de clase: el valenciano es la lengua del pueblo, de la huerta, de los barrios marineros, de las gentes del mercado; el castellano el de las clases que quieren ser algo en la buena sociedad de la capital. Y Blasco, que escribe en castellano, llena de argot sus diálogos en cuanto intervienen los personajes populares. Su posición en el uso del idioma es, en cierto modo, paralela a su contradictoria actuación política, y ahí la contradicción se manifiesta porque aparece implícita la denuncia del abandono de la lengua valenciana en una escritura en castellano. Es decir que, también en literatura, y al igual que hace en política, Blasco se sale fuera del conflicto para convertirse en mediador. Los límites, las fronteras literarias de Blasco, los constituirán precisamente —en una nueva paradoja— su deseo de saltar fronteras para convertirse en un escritor internacional. No se dio cuenta de que sus modelos narrativos —sin olvidar Flaubert, Balzac, Zola, Clarín o Galdós— nacían de un apego cuidadoso al medio, incluso de un terrible provincialismo. De nuevo, en esta etapa, jugó el papel de mediador Blasco, esta vez entre Valencia y el mundo, como antes lo había sido entre el pueblo y las clases ilustradas; claro que, en esa elegante *tournée* internacional, el papel de pueblo le tocaba a Valencia.

Cuando Aub haga hablar a sus personajes valencianos con un estilo en el que se reproducen muchas expresiones, palabras y construcciones sintácticas procedentes de su lengua, quizá haya tomado como modelo a Blasco, cuyos méritos no se le escapaban. No creo que lo haga sólo por la necesidad de «dar toques de color local», que haga sólo costumbrismo, como —ya lo he dicho— tampoco creo que sea sólo costumbrismo lo de Blasco, aunque, interpretándolo así, resulte más fácil librarse de su fantasma tan contradictorio como la sociedad en la que nace, convirtiéndolo en un autor caduco. Creo que se trata en Aub —como en Blasco— de la dificultad con la que se enfrenta cualquier novelista que quiere novelar en una lengua una realidad que, al menos en buena parte, se desarrolla en otra. Ahí, a lo más que podría llegarse es a acusar a Blasco de ser él mismo —por el hecho de novelar en castellano— un pretencioso personaje más de su *Arroz y tartana*, pero el interrogante seguiría abierto. Y seguiría abierto para los libros de Blasco, que, a lo mejor, sí que tenía que haber escrito en esa *«llengua vulgar valenciana, per ço que la nació d'on io só natural s'en puixa alegrar»*,[1] que diría Joannot Martorell, pero igualmente para los de Aub, quien, educado en otra lengua, y sin la obligatoriedad de atarse a una tradición, también nos plantea a trechos en su descripción de Valencia y de sus personajes esa imposibilidad —o al menos esa dificultad— para traducir narrativamente la vida que acontece en una lengua a una novela escrita en otra. Volvemos a lo que citábamos y que leí hace unos días en esa floja novela del británico Lanchester: «No es lo mismo aburrirse que tener *ennui*.»

La lengua nace de la historia y colorea la visión que cada individuo tiene del mundo. La añoranza de una lengua —esa añoranza que reflejan Blasco y Aub, el uno desde la proximidad, el otro en la distancia— no es sólo la melancolía por un timbre de voz, por unos ecos que provienen de las oscuras habitaciones de la infancia y que, por eso, nos calientan el corazón cuando los oímos después de cierto tiempo de ausencia del lugar original: eso, sin ser poca cosa, no nos resulta suficiente para lo que aquí queremos contar, y que tiene que ver con el trasvase novelesco de la realidad —y más aún de la realidad originaria de un autor— que se ha desarrollado en una lengua a otra. Preguntarnos qué grado de connotación tiene cada una de ellas; qué, o a lo mejor, quién se pierde por el camino de una escritura traductora, que imposta, que calca una palabra sobre otra.

1. «Lengua vulgar valenciana a fin de que la nación de la que soy nativo se pueda alegrar.» (Traducción de Joaquín Vidal Jové.)

El tema de la añoranza de los orígenes contamina estrechamente la lengua, aunque también ocurre algo parecido con la cocina familiar. Ambas remiten a pulsiones extrañas que, desde Freud y Jung, psicólogos y psiquiatras se han esforzado en estudiar y que llevan a que pueblos enteros se destruyan por su diferente manera de pronunciar las eses o de cocinar el cordero, y a que un pueblo no considere completamente dominado a otro hasta que lo obliga a comer su cocina (esas luchas entre cristianos, moros y judíos en torno al cerdo; esos legionarios españoles en Marruecos empeñados en hacer comer *jaluf,* tocino, a los moros) y hasta que no le impone por completo su lengua. La lengua es seguramente el rasgo más sólido que define al hombre como miembro de una tribu.

He vuelto a pensar en ese tema hace poco, mientras leía el libro de Joan F. Mira *Borja Papa*. Pensaba que ese libro sólo podía haber sido escrito en valenciano, en esa variante del catalán que hablamos aquí y que, con nuestra capacidad para ponernos continuamente en duda, es motivo de discusión más que de orgullo. No sé explicar con exactitud por qué se me venía esa idea a la cabeza; quizá por lo mismo que, mientras que las iglesias de México y Centroamérica se parecen a las de Andalucía y Extremadura, los arrozales del Guadiana, del Guadalquivir y del Ebro se parecen a los de Sueca; y los naranjos de Sevilla o de Sidi Sliman se parecen a los de Tavernes; porque cada pueblo coloniza de una manera y eso también está guardado en la lengua, que es el lugar desde donde mira un pueblo. Lo había pensado unos meses antes de leer el libro de Mira, mientras le recomendaba a un joven estudiante de literatura, y buen amigo mío, que se esforzara por leer *Tirant lo Blanc* en la «*llengua vulgar valenciana*» en que fue escrito, intentando convencerlo de que, en la traducción, se perdería buena parte de su delicioso humor, de su sabia y resignada tristeza. Por animarlo a él, me puse a releerlo yo y volví a sentir la añoranza de haber perdido esa lengua para mi escritura.

La sentía mientras leía cómo describe el autor los banquetes, cómo ponen las mesas y adornan los salones para celebrar las bodas de Hipòlit y l'Emperadriu, *«foren fetes singulars festes qui duraren quinze dies, e en cascun dia hi foren fetes danses, juntes e torneigs e moltes altres coses d'alegria qui feren oblidar les dolors del temps passat»*,[1] cómo urden las batallas navales, y la barca *«gran, a manera de balener, que ia la tenia plena de llenya e de tea, ruixat tot ab oli perquè cremàs bé»*;[2] o cuando volvía a leer ese emocionante pasaje en el que cuenta la manera en que los cuerpos muertos de Tirant y Carmelina fueron *«tots vestits de brocat fet de fil tirat d'or, perquè jamés se pogués podrir; ab la cara descoberta, que paria que dormissen»*.[3] Leyendo el *Tirant* siento que Martorell me está hablando en un lenguaje próximo, en un código familiar del que participo, en el que nadie me enseñó nunca a leer, y que está por debajo del sentido literal que llega a otras lenguas, porque se diluye cuando leo esos mismos párrafos en su traducción castellana, donde todo parece elevarse algunos puntos por encima.

No es sólo nostalgia de la primera lengua que hablé, y de la que posteriores azares de la vida me separaron: es, además, la certeza, por participar de ambos códigos –el de ese valenciano en el que aprendí a hablar por vez primera, y el del castellano, lengua en la que me he educado, que he usado casi en exclusiva durante cuarenta años de mi vida fuera

---

1. «se hicieron singulares fiestas que duraron quince días, y cada día se hicieron danzas, justas y torneos y muchas otras cosas de regocijo que hicieron olvidar las penas de los tiempos pasados».
2. «una barca grande, especie de ballenero, que ya tenían llena de leña y tea, todo rociado con aceite para que ardiese bien».
3. «todos vestidos de brocado hecho con hilo de oro tirado, para que nunca se pudiesen pudrir; y con la cara descubierta que parecía como si durmiesen». (Traducción de Joaquín Vidal Jové.)

de Valencia (sólo rota la exclusiva periódicamente al volver aquí) y en la que he acabado siendo escritor–, es la certeza, digo, de que dos lenguas siempre acaban diciendo dos cosas distintas, acaban mirando cada cosa de distinta manera, desde un ángulo de visión ligeramente diferente. Las lenguas están irremediablemente construidas por la historia y, además, en muchas épocas son duros instrumentos de dominio. Recuerdo a aquellos maestros que me daban clases en Ávila, adonde me llevaron con ocho años; a los que me enseñaron tantas cosas en León y Salamanca (aún me sobrecoge la lectura de *Crimen y castigo* en la voz levemente nasal de don Julio); recuerdo aquellos libros que leíamos en los años cincuenta y en los que se ponía como paradigma de espiritualidad la meseta castellana, que era en el imaginario de entonces aquello que los escritores del 98, en su etapa tardía, y de vuelta de las ilusiones revolucionarias, se inventaron (de nuevo, me remito al libro de Blanco Aguinaga *Juventud del 98)*, y que en su vulgarización era nada más que una espiritualísima y estéril bandeja desde la que se llegaba antes a Dios, y que se contraponía a la industriosidad de unos pueblos apegados a valores poco dignos de ser citados con orgullo: agricultura, comercio, industria, valores que se identificaban al pie de la letra con los de la tribu de la que yo procedía. Por aquellos tiempos, la fertilidad de la tierra les parecía tan sospechosa como la propia carne.

Todos esos avatares de la historia acaban pegándoseles a los idiomas. Y más en ese caso, cuando, de nuevo, un idioma se consideraba vencedor en una guerra sobre los otros: no era verdad, sus más cuidadosos e inteligentes escritores habían sido fusilados, encarcelados o exiliados. Cernuda precisamente sólo quería consigo el idioma porque al país no lo consideraba suyo. Tenía razón. De aquel idioma se habían apropiado como de las piedras de Alcoy o de las de Salamanca, que diría Aub. Era tan suyo, tan de «ellos, los vencedores caínes sempiternos», como lo demás. Y la utilización del noventayochismo en la posguerra se limitaba a prolongar una tradición de grandes odas al vencedor. Participaban los libros de aquellos periféricos que se volvieron para cantar al centro –Azorín, Unamuno, Maeztu– en la precipitada reconstrucción de los contrafuertes, no de un idioma, sino de una retórica que se resquebrajaba, o, mejor aún, que era tan ampulosa que le quedaba ridículamente grande a un país que había encogido como una piel de zapa hasta quedarse en casi nada.

Si es posible leer la historia de la literatura en valenciano como una lucha entre dos lenguas, también puede leerse la historia de la literatura castellana como una larga lucha por imponer una u otra lengua: el *Lazarillo,* la *Celestina,* la *Lozana andaluza,* Cervantes, Moratín, el mejor y más irreverente Quevedo, Galdós, Cernuda o Machado son unos pocos ejemplos de lo que estoy diciendo, por no hablar ya de la lengua de América Latina.

Es verdad que la historia le ha impuesto a esa lengua resistencias. Cervantes –su obra– ha sufrido en propia carne la terquedad del subconsciente del idioma, cuando él, que tanto admiraba la llaneza del *Tirant,* su cotidianidad de héroes que mueren en la cama, ha servido tantas y tantas veces como alimento de pomposos exégetas, y sus capítulos han sido leídos por actores que engolaban la voz para declamar. Muchas veces he pensado que el castellano está contaminado por el Siglo de Oro, por los Mayúsculos vocablos de Dios, Patria y Honor, de los autos sacramentales de Calderón y los dramas de Lope, y que, frente a ellos, en demasiadas ocasiones, no han conseguido abrirse paso esos lenguajes laterales que, desde su periferia, han ido formando su mejor literatura. Si Blanco White renunció al mismo tiempo al país del que procedía y a su lengua, Cernuda ha escrito poemas maravillosos y ha reflexionado en sus ensayos acerca de esa contradicción de odiar a un país y sentirse habitante de una lengua, de parte de una lengua, de esa parte que representan, en su bellísimo *Díptico español,* precisamente los citados Cervantes y Galdós.

Permítaseme hablar de esos temas. Son contradicciones que están en mi obra, en mí, que soy un escritor valenciano que vivo desde hace cuarenta años fuera de mi tierra, que nací en una familia y un pueblo que hablan en valenciano, y que he visto durante mi infancia cómo las clases en ascenso utilizaban el castellano para ponerse coturnos lingüísticos. Los azares de la vida me han llevado a escribir en una lengua que no fue la de mis abuelos y padres, ni es la de mis hermanos y sobrinos, la de mis primas de Tavernes, la de mis amigos de Denia, esa en la que yo mismo aprendí a nombrar casi todo lo necesario, la que yo mismo hablo con la torpeza de un autodidacta cada vez que piso esta tierra y en la que, sin embargo, como ustedes habrán tenido ocasión de comprobar, si han leído alguno de mis libros, o como comprueban ahora mismo, no escribo. No sé lo que eso quiere decir. Sé que significa algo que me desazona. Cuando, por alguna razón, paso unos días aquí, siento que escribo en una lengua que es la mía, porque con ella he vivido más de cuarenta años, y en ella me he hecho escritor, y que al mismo tiempo no es la mía, porque mis abuelos y mis padres apenas la entenderían, y porque deja fuera una parcela de mí mismo que permanece yerma. Sé que Marsé, Montalbán, o los Goytisolo han hecho una parte decisiva de la literatura de Cataluña, y que la han hecho en castellano. Pero ellos han escrito en la lengua de los suyos, porque procedían de comunidades castellanohablantes. Vuelvo a la carta que Lázaro Valdés le escribió a su ahijado. Aub la cierra asegurando que «El tiempo no borra, sino que añade». «Aran la frente las arrugas para darle mayor superficie», dice. Es el caso de estos novelistas, en los que el hilo de su escritura envuelve la realidad de Cataluña sin romper el ovillo de la lengua originaria. La vida no les ha borrado la lengua original, sino que ha venido a añadirles otra que ha creado complicadas arrugas en su escritura para darle mayor superficie. Mi caso es el contrario: vuelvo –en *La buena letra*, en *Los disparos del cazador*, en *La larga marcha*–, casi sin querer, a las historias de un pasado lejano de mi vida que discurrieron aquí, en Valencia, y las escribo en una lengua que buena parte de los protagonistas a duras penas hubiera entendido. Con frecuencia me pregunto si estaré hablando de ellos o de otra gente; qué habrán perdido o ganado en mi escritura, en el punto de vista de esos libros. Y también, si mis novelas ayudarán a trazar el mapa –ese mapa que trazaba Aub en sus campos– de este país o si estarán emborronándolo. Eso me hace sentirme a disgusto, como si, cada vez que regreso a Valencia o escribo acerca de ella, tuvieran que luchar el niño que aprendió a decir cuanto necesitaba en una lengua y el hombre que aprendió a escribir en otra. Días atrás, me contaba un amigo cómo una vieja tía suya de Irún, que no había hablado más que castellano desde que abandonó el caserío en su lejana adolescencia, hace algunos meses, aquejada de senilidad, empezó a no hablar ni entender más que el euskera que le enseñaron sus padres. Precisamente de la misteriosa fuerza de los lugares y las lenguas quería hoy hablarles en esta charla, para decirles que tampoco yo entiendo casi nada. Hace muchos años, en un compartimento de tren, cierto señor malcarado nos increpó a un amigo mío y a mí, exigiéndonos que hablásemos castellano. «Esto es España», dijo. Casi cuarenta años más tarde, yo lo hablo con soltura durante once meses y medio cada año y pongo lo mejor de mi vida en escribirlo. Y fíjense ustedes, estoy convencido de que esa lengua en la que hablo y escribo nada tiene que ver con la de aquel tipo miserable. No sé si ustedes me entienden o si yo me explico.

Universidad Menéndez y Pelayo, Palau Pineda,
Valencia, octubre de 1997

EL HÉROE INESTABLE

Es verdad que, si queremos entender bien cualquier novela, precisamos conocer más o menos las circunstancias que rodearon su nacimiento: el espíritu de la época, las modas y tendencias que por entonces arraigaban, los rasgos originales que ofrece y los que debe a tal o cual escuela, pero creo que en el caso de *Vida y obra de Luis Álvarez Petreña*, la consideración de las circunstancias que rodean su nacimiento poseen especial significación, ya que se trata de un libro (relatos, memorias, novela, miscelánea o lo que sea, dirá de él el propio Max Aub) que resulta casi imposible de entender al margen de los avatares que determinaron su nacimiento. Me atrevería a decir que el ritmo con el que se escribió forma parte del meollo narrativo del libro y resulta un significante decisivo para su comprensión.

Lo cuenta el propio Aub en unas pocas líneas de presentación que escribió para el texto definitivo. «No diré, entre otras extravagancias que no tienen que ver con la literatura, que el escribir una novela alrededor de un protagonista debe hacerse a la edad del mismo. Pero lo he hecho. Escribí la primera parte de este relato, memorias, novela, miscelánea o lo que sea, a los 28 años. La segunda hacia los 50 y la tercera a los 66...», dice Max Aub. O sea que, según él mismo reconoce, escribió una novela (o lo que sea) sobre la que, contraviniendo lo que parece una de las características de la narrativa, los estragos del tiempo exterior minan el texto, añadiéndole al protagonista las mismas arrugas que esparce sobre el rostro del autor.

No creo que Aub tuviese ninguna intención de que eso fuera así cuando publicó la primera edición en Valencia, en 1934; por entonces, *Vida y obra de Luis Álvarez Petreña* no tenía otra pretensión que la de ser una breve novela epistolar: las cartas que un enamorado muy wertheriano escribe a su amada Rosario antes de suicidarse, uno no sabe si por amor, por aburrimiento, o por una mezcla de las dos cosas. Poca atención nos merecerían hoy esas páginas entre desgarradamente románticas e irónicas, que definen a un *enfant du siècle* muy del primer tercio de siglo, entre cuyos parientes se cuentan algunos héroes de Céline, Drieu, o Moravia, seres que expresan el malestar y la impotencia que sentían ciertos hijos de la burguesía europea de entonces, en permanente duda entre los estrechos valores de su clase y otros que se levantaban frente a ellos como una amenazante ola.

Pero ocurrió que esa novelita de menos de cien páginas no se quedó quieta y cerrada para siempre, como suele ocurrirle a la mayoría de las novelas que un autor escribe, que gozan de la gracia de la impasibilidad, sino que, en su nueva edición, publicada en México en 1965, vio sustanciosamente aumentado su tamaño con una segunda parte que echaba por tierra las conclusiones a las que los lectores del primer libro hubieran podido llegar. Ahora, a la wertheriana correspondencia inicial se añadían las voces de una serie de personajes –incluido el autor, Max Aub, que pasa a ser una voz novelesca más– que especulaban en torno al suicida Petreña, convertido en un impostor que, según irá descubriendo a partir de cierto momento el lector, ha engañado a todo el mundo al fingir el suicidio que cerraba la primera versión. Petreña, en esta segunda edición, vivía en algún lugar del mundo y su imagen ya no nacía de la única voluntad del protagonista redactor de correspondencia, sino que se enfrentaba a las imágenes que esas otras voces externas tejían de él. La novela se abría en un saludable ejercicio de relatividad, implicando al lector en una aventura literaria de corte moderno, tanto por su fragmentariedad como por su exigencia de un orden del que sólo el lector poseía la llave.

Pero los avatares del libro no concluyeron ahí. Aún iban a aparecer nuevos datos acerca del protagonista en la tercera edición, que el pie de imprenta anunciaba como *definitiva*, y que vio la luz en Barcelona en 1971, sólo un año antes de la muerte de Aub. En ella se incluían, además de las dos primeras partes íntegras, cierto «Diario inglés de Max Aub», un «Último cuaderno de Luis Álvarez Petreña», e incluso un «Informe estrictamente confidencial de un académico español acerca de este libro hecho por encargo de una editorial española», además de otros textos. Con lo cual, el libro volvía a sufrir una nueva vuelta de tuerca, un cambio de rumbo imprevisto que lo transformaba –y era la tercera vez– en otro. Ésas son a grandes rasgos las razones por las que, al principio de esta reflexión, no he dudado en asegurar que *Vida y obra de Luis Álvarez Petreña* –en esta versión definitiva, que hoy vuelve a publicarse– es una novela en la que su historia, la historia de su escritura, forma parte indisoluble de la trama y se compone ella misma como significante.

En tal sentido, los expertos ponen la novela en el haber de una burlona veta maxaubiana que gustaba del juego y de la impostura que, no pocas veces, llevó hasta extremos hilarantes (por ejemplo, escribir la verdadera biografía de *Josep Torres Campalans*, un pintor que nunca existió, incluyendo una selección de su obra pictórica): bajo su aparente trivialiad, esos textos apócrifos de Aub suponen una forma de poner sobre el tapete –de un modo vivo, cegador– el tema de las complejas relaciones entre verdad y mentira en el ámbito de la ficción, siempre, por otra parte, tan resbaladizas; los límites entre novela, biografía e historia, sus radicales diferencias y sus puntos de encuentro.

Por otra parte, la periódica intervención del autor, alterando el resultado de la obra y convirtiéndola en un material moldeable nunca solidificado, convierten esta *Vida y obra de Luis Álvarez Petreña* en un espacio literario anticanónico y, por ende, en un referente contra la beatería metafísica, en la línea de ese concepto narrativo que, en los años setenta, Umberto Eco expresó como *obra abierta*, y, según el cual, el texto se presenta como un coágulo de circunstancias que, por ser cambiantes, lo someten a él mismo a cambios, también de perspectiva, implicando en esa reflexión una forma de entender la estética que apeaba a la obra de arte del pedestal de lo sagrado para ponerla en el suelo de lo cívico.

Siendo todo ello verdad, y convirtiendo esos rasgos la *Vida y obra de Luis Álvarez Petreña* en una novela más cargada de significado de lo que en su estricta desnudez literaria soportaría, a mí, como lector, debo confesar que lo que más me interesa del libro es precisamente su carácter de *work in progress*, de obra que persigue al autor a lo largo de toda su trayectoria literaria, reclamándole periódicas intervenciones: cuando vio la luz la primera edición, Aub sólo había escrito un par de minúsculos textos en las fronteras del modernismo y el surrealismo *(Geografía y Fábula verde)* y, después de la última, ya no escribiría prácticamente nada.

Me interesa saber qué fue lo que llevó a Aub a perseguir con saña a ese personaje llamado Luis Álvarez Petreña, al que privó cruelmente del estatuto de imperturbabilidad que protege a los héroes novelescos, y lo obligó a envejecer con él, a llenarse de arrugas y canas como él, abandonando las ilusiones que él mismo iba abandonando a medida que pasaban los años. Es como si, con Álvarez Petreña, se hubiera empeñado en romper el cristal que separa a los seres vivos de los que son fruto de la ficción; hubiera desgarrado la gasa que los aísla del tiempo y de las circunstancias. Me parece de una extremada crueldad la decisión de someter a un ser de tinta y papel a los avatares que sólo corresponden a los de carne y hueso.

Dicen que, en los últimos años de su vida, Galdós hablaba con los personajes de sus novelas: con Miau, con doña Rosalía Pipaón de la Barca, con Fortunata; al parecer, hablaba sobre todo con Fortunata. Max Aub –quizá en un homenaje a su admirado maestro, a quien dedicó *Las buenas intenciones* y *La calle de Valverde*– hace lo propio en unas «Páginas azules» que coloca casi al final de su soberbio ciclo *El laberinto mágico*. En ese texto, el novelista se introduce en la novela y recuerda fascinado a los seres que, habiendo salido de su pluma, permanecen vivos gracias al arte de la literatura.

Como Galdós pensaba en Fortunata, él piensa sobre todo en Asunción, su querida Asunción, a la que creó al principio del ciclo narrativo, otorgándole veinte años, y que sigue teniendo la frescura de esos veinte años, mientras que el novelista ha envejecido; que seguirá teniéndola cuando el novelista haya muerto. Aub siente celos de Vicente, a quien ella busca a lo largo de buena parte de la novela, y que también se ha detenido para siempre en la fogosa edad de la juventud que el autor le concedió al inventarlo. El arte de la novela congela paisajes, gentes, geografías. Deja para siempre a éste empuñando un fusil, al otro alejándose en un automóvil, a aquél saltando por los aires impulsado por la explosión de una bomba, a estos dos besándose, o llorando, o levantando el pañuelo en un gesto de despedida.

Por eso resulta llamativa la insistencia de Aub en cambiarle periódicamente el destino a Luis Álvarez Petreña, ese egotista que vive su mezquina tragedia en la intimidad de su casa mientras la República ocupa la calle. Petreña escribe sobre sí mismo, narciso que se mira en el pozo, con una actitud que lo emparenta con Drieu la Rochelle, y también con la altivez de Barrés, o de Ortega, de una generación de pensadores a la que espantaba la contaminación del arte por las masas.

Arremetería Max Aub contra el arte «socialmente ineficaz» de Ortega en su *Discurso de la novela española contemporánea*, aunque su mayor aportación contra esa filosofía de Ortega fuera la creación de una galería de egotistas insolidarios y altivos que —como Petreña— odian la «vida idiota y pesada» de una «gruesa burguesía amaestrada», pero también la ola anónima que se levanta contra ella en el exterior, en la calle. Rafael Serrador, el protagonista de *Campo cerrado*, es la cosecha popular del egotismo orteguiano: anarquista, falangista, qué más da, él, su yo; ejecutor de un acto gratuito al modo del Lafacadio de Gide en *Las cavas del Vaticano* (Serrador asesina a una prostituta), sólo al final —cuando ya no hay vuelta atrás— intuirá el sentido de lo que está fuera, encarnado en los hombres que luchan y mueren por la legalidad de la República. Paco Ferrís —cuyo cuaderno ocupa parte del último volumen de *El laberinto mágico*— será la postrera reencarnación que la pluma de Max Aub llevará a cabo de ese tipo humano que empezó llamándose Luis Álvarez Petreña.

Ferrís —como Petreña, como Serrador— sólo piensa en sí mismo, en su fama (alguien le dice: «A ti lo que te importa es tu sombra. Mírala, te la regala la luna»), en su obra, una obra que, a la manera de lo que Ortega preconizaba, aspira a ser «una novela que no signifique nada. Una novela vacía. Una novela que sea a la narración lo que Kandinski es a la pintura de historia». Será la última reencarnación en la narrativa de Aub de ese modo de ver la vida, mirándose sólo a sí mismo, que inauguró Luis Álvarez Petreña. Y si Aub vuelve a enfrentarlo una y otra vez lo hace en la medida en que lo considera como parte de un sector de su generación, e incluso como una parcela de sí mismo: el envés de sí mismo, que la República y la Guerra Civil desarbolaron con su urgencia. Petreña y Ferrís serán incapaces de crear un solo personaje fuera del asfixiante yo, mientras que Aub —que ha surgido de ellos en sus escritos de juventud, que los ha abandonado en el camino— acabará creando centenares de personajes, convirtiéndose así en heredero de la tradición galdosiana. Cuando Aub vuelve sobre Petreña, intuyo que vuelve sobre sí mismo, sobre el que él mismo pudo haber sido, de no haber salido a la calle cuando se oían los ruidos de la República. Pero de todo eso hablaremos por extenso en otro capítulo de este mismo libro.

Madrid, 1998

PSICOFONÍAS
(Legitimidad y narrativa)

El dieciséis de diciembre de 1852 –noche de jueves, la una de la madrugada, precisa el encabezamiento– Flaubert redactó una nueva carta para Louise Colet en la que se lamentaba –otra vez; no para de hacerlo carta tras carta– del agotamiento contemporáneo de las formas plásticas. «Todas ellas han sido descritas, redichas», asegura el novelista. Y añade: «Lo que nos queda es el exterior del hombre, más complejo, pero que escapa mucho más a las condiciones de la forma. Creo también que la novela está todavía naciendo, espera su Homero. ¡Qué gran hombre hubiera sido Balzac, si hubiese sabido escribir! No le ha faltado más que eso. ¡Al fin y al cabo, un artista no habría hecho tanto, no habría tenido esa amplitud.» Sigue su larga queja, anotando que está convencido de que lo que le falta a la sociedad moderna no es un Cristo, ni un Washington, ni un Sócrates, ni siquiera un Voltaire, sino un Aristófanes que –añade– «sería lapidado por el público». Es decir, que, según Flaubert, lo que hacía falta en la Francia de Luis Felipe no era ni un profeta religioso, ni un político, ni un filósofo, ni siquiera un escritor filósofo, sino pura y simplemente un escritor capaz de describir con lucidez las costumbres de su tiempo («el exterior del hombre»), un novelista crítico e incomprendido.

Siglo y medio más tarde, en una afirmación de ese talante apenas somos capaces de detectar más que una buena dosis de narcisismo. «A buen entendedor pocas palabras», pensamos al leer el texto de Flaubert, «este hombre estaba convencido de que en su tiempo hacía falta alguien que se pareciera a él como una gota de agua a otra. O sea, que hacía falta él.» Quizá haya algo de eso, pero convendría ir por partes y pararse a ver con detenimiento lo que Flaubert nos está diciendo, para que la prepotencia de una época no nos impida leer correctamente otra. La propia afirmación de Flaubert sobre el agotamiento de las fórmulas artísticas en un momento que hoy consideramos como de máximo esplendor de la gran novela burguesa en toda Europa, así como sus opiniones acerca de la mediocridad de Balzac, deben servirnos de advertencia sobre los límites con que los contemporáneos se encuentran a la hora de analizar los procesos que ocurren en su tiempo. Conviene recordar también que Flaubert era un hombre inteligente que, por entonces —en esa misma carta se lo recuerda a su amiga—, estaba redactando el *Diccionario de lugares comunes* en el que recopilaba las estupideces que corrían de boca en boca entre sus paisanos, algunas de las cuales anotaba para Louise Colet pocas líneas más arriba de las que acabamos de citar:

    ARTISTAS: son todos desinteresados.
    LANGOSTA: la hembra del bogavante.
    FRANCIA: pide un brazo de hierro que la rija.
    BOSSUET: el águila de Meaux.
    FÉNELON: el cisne de Cambrai.
    NEGRAS: son más calientes que las blancas.
    ERECCIÓN: es algo que sólo debe decirse para referirse a los monumentos.

Uno supone que un hombre capaz de definir de esa lúcida e hilarante manera los conceptos de sus paisanos acerca de sí mismos y de las cosas no tendría demasiadas ganas de pasar a formar parte de los habitantes de ese mismo diccionario de la estupidez por culpa de sus lamentos acerca de la importancia del novelista: más bien habrá que pensar que, por entonces, la novela significaba algo distinto de lo que significa hoy, tenía una trascendencia, alguna razón de ser, algún motivo que nosotros ya no le reconocemos, que ella misma ya no tiene o no reclama. Porque, por entonces, no era sólo Flaubert quien pensaba de ese modo que hoy nos parece que roza la *boutade*. Si uno busca en Balzac, en Zola, en Tolstói, en Dostoievski, en nuestros Galdós y Clarín, puede encontrarse con afirmaciones parecidas, en las que se detecta el convencimiento de estos hombres acerca de la trascendencia de sus obras: todos estos escritores tenían la seguridad de que sus libros formaban parte de algo, de un mecanismo poderoso, de un engranaje; que eran expresión de un estado de cosas que no les gustaba y, al mismo tiempo, palanca que ayudaba a derribar esa realidad injusta para, sobre sus escombros, edificar otra. Y no estamos hablando de un grupo de iluminados, porque la opinión acerca de esa trascendencia la compartía mucha gente y, por eso, sus obras concitaban odios y multitudinarias adhesiones.

Algo de esa aura envolvía aún las obras literarias hace un cuarto de siglo, y hoy miramos con una mezcla de conmiseración y melancólica ternura a aquellos lectores que nosotros mismos fuimos. Nos resulta cuanto menos curioso (¡y qué no les ocurrirá a las nuevas generaciones!) pensar que haya podido tener esa trascendencia un arte al que en apariencia rodea la más estricta privacidad (el novelista escribe a solas y el lector lee a solas), y que hoy no concita en torno suyo gran cosa, como no sea un poco o un mucho de vanidad, en el mismo sentido –pero en menor proporción– que la que puede embargar a un torero o a una modelo. Y, sin embargo, el hecho de la privacidad no es un rasgo nuevo. También

Flaubert escribía a solas y era a solas leído, y no añade gran cosa a este concepto de lo privado el hecho de que existiera por entonces cierta tradición de lectura en grupo: se leía en la intimidad del salón, de la cocina, o en algún pequeño taller. No deja de ser un rasgo anecdótico y poco pertinente. Ni siquiera vale decir que el papel de la novela ha sido desplazado y ocupado por el periódico y sus crónicas de sucesos y de sociedad (Karl Kraus y otros vieneses de entreguerras ya denunciaron que «el periódico paraliza la imaginación del lector»), por el cine como contador de historias, por los folletines televisivos que llegan a millones de personas. Muchos de tales medios de comunicación existían durante la primera mitad de este siglo y es probable que el cine, la radio y los periódicos tuvieran en los años veinte y treinta tanta o más importancia en la formación de la sensibilidad de las multitudes de las grandes ciudades que en la actualidad. De hecho, Lenin, con el propósito de tomar el poder en Rusia, antes que en organizar un ejército pensó en montar un periódico, el bien conocido por todos *Iskra*, «la chispa», que iba a prender la gran hoguera de la revolución, a poner en movimiento el poderoso motor. Y, sin embargo, ni Pilniak en los años veinte, ni Martin du Gard y Dos Passos en los treinta, ni Max Aub en los cuarenta, ni Sartre y Camus, ni Pratolini, en los cincuenta; ni los novelistas del realismo en los sesenta habían perdido ese referente de que la novela era un arte que nacía en privado pero con una voluntad pública. ¿Por qué, de repente, perdió ese papel, o tuvo conciencia de haber perdido ese papel y decidió encerrarse a solas con el lector en el salón de casa, quedarse con él encima de la mesilla del dormitorio? ¿Por qué la historia y la novela se divorciaron? ¿Por qué, al hablar de novelas, dejó de hablarse –como se hacía hasta entonces en buena parte de los casos– de acontecimientos históricos y sociales y se habló de ingenio, de inteligencia, de desarrollo de los textos, de literariedad?

¿Por qué ese espíritu humano encarnado en el yo se apoderó de casi todo el espacio narrativo dejando a la puerta de casa a las multitudes? ¿Ya no servía la novela para conocer el mundo?, ¿para mirarlo desde un lugar distinto? Juan Goytisolo, en un brillante artículo que tituló «La novela española contemporánea», e incluyó en su libro *Disidencias*, decía que, en España, y por razones de «desbarajuste de nuestro calendario con respecto al europeo [...] cuando esa literatura "realista" [el entrecomillado es suyo] se impuso [...] estaba dando en Europa las últimas boqueadas». Según él, la novela realista española habría mantenido su vigencia cuando ya había sido enterrada en otros países avanzados de Occidente, por la férrea censura contra la prensa que hacía que la novela ocupara en parte el papel de informador, y también –complementariamente– porque la dictadura de Franco politizaba inmediatamente cuanto tocaba («Todo, absolutamente todo, deviene política», afirmaba Goytisolo refiriéndose a España), lo que había acabado por contagiarle a la literatura –no sólo a la novela, sino también a la poesía– lo que, siguiendo a J. L. Austin y Benveniste, Goytisolo definía como voluntad «performativa», que la llevaba a confundir enunciado con acción, y buscaba «convertir cada palabra en acto». De modo que, en la España franquista, la narrativa estaba ocupando el papel de la prensa amordazada y el de los partidos políticos prohibidos, pagando con el anquilosamiento y la torpeza su servidumbre. Frente a esa actitud, que pegaba la novela –siempre según Goytisolo– más al tema que a la forma, y aun reconociendo las relaciones existentes entre el texto literario y el contexto social, en la dirección enunciada por Todorov («El contexto forma parte del texto») solicitaba Goytisolo una revolución en el lenguaje. «Nuestro anquilosado lenguaje castellanista exige –lo repito desde hace tiempo– el uso de la dinamita o el purgante», decía Goytisolo y se apoyaba en la autoridad de Valle-Inclán, que, en una entrevista publicada poco antes de su muerte, tras declararse un «hereje a sabiendas», decía: «El idioma hay que renovarlo, como todo en la vida.» Nada habría que oponer a las palabras de Goytisolo, que venían a proponer un estimulante debate sobre el papel de la novela, si no fuera su tendencia a la exclusión: cortaba demasiado pronto un árbol que seguía e iba a seguir dando sus frutos en el interior del país, a pesar de la dictadura *(La oscura historia de la prima Montse,* 1970, y *Si te dicen que caí,* 1973, de Juan Marsé, o la monumental y excelente *Recuento,* de Luis Goytisolo, también del 73 y, como *Si te dicen que caí,* publicada en México) y de que él ya se hubiera decidido a vivir fuera. Desde su atalaya exterior, Goytisolo les advertía a quienes se habían quedado dentro y seguían ejerciendo el papel vicario de la política: «Digámoslo bien claro: en el mundo capitalista actual no hay temas violentos o audaces; el lenguaje y sólo el lenguaje puede ser subversivo.» La afirmación tenía un soporte real (¿qué es una novela sino un montón de palabras, o sea, lenguaje?), pero llegaba a una conclusión cuando menos dudosa.

Goytisolo, que daba su conferencia en Columbus, Estados Unidos, en 1970, comprendía que aún existiera una literatura «decimonónica» y crítica en la Unión Soviética, donde la situación política de dictadura comunista y la consiguiente falta de libertades provocaba una situación paralela a la que vivía España; un similar «desbarajuste» en el calendario: es decir, que en la Unión Soviética aún los temas, y no las formas, seguían siendo subversivos. Sin embargo, si nos fijamos en la fecha en que la conferencia se pronunció, creo que también en los Estados Unidos era demasiado pronto para que Goytisolo sacara la pala de enterrador de la «literatura con tema». Nuestro novelista se apresuraba más de lo conveniente en la definición de normalidad en las relaciones entre novela y sociedad, sobre todo cuando tal proclamación se llevaba a cabo –conviene quizá recordarlo– en un país asfixiado por el racismo y por las mafias; donde aún se aplicaba (como hoy mismo) la pena de muerte, y que había visto cómo pocos años antes caía asesinado un joven presidente, víctima de no se sabe qué oscura red de intereses; un país oscurecido por la guerra del Vietnam, agitado por los movimientos del *black power,* el feminismo, el descontento obrero y las convulsiones estudiantiles, y cuyo ejército imponía violentamente su voluntad en buena parte del mundo (faltaban por llegar Chile, Argentina, Nicaragua).

Por volver al campo de lo estrictamente literario, digamos que la afirmación de Goytisolo se llevaba a cabo sólo cinco años después de que Capote escribiera ese estremecedor documento de rabiosa actualidad titulado *A sangre fría* (puro tema, «novela reportaje» llegó a llamársela), ocho antes de que Mailer publicara *La canción del verdugo,* y con veintitantos años de antelación sobre libros como *El fantasma de Harriot,* o *Oswald,* por referirnos sólo a obras del propio Mailer y no hablar de Philip Roth, o de Updike, dos espléndidos retratistas de la «realidad» norteamericana; decenios antes de que aparecieran las novelas de James Ellroy (las películas de Coppola y de Kubrik sobre la mafia y sobre la guerra del Vietnam también fueron, poco a poco, llegando: el cine seguía, al parecer, aguantando «los temas»). ¿De verdad habían los hechos reales perdido su capacidad para convertirse en arcilla de la narración, y sólo tenía sentido el ejercicio de la transgresión en el marco literario de la sintaxis y el vocabulario?, ¿había perdido la novela su capacidad para contar un tiempo y un país?, ¿para asomarse fuera? ¿Estaba agotado el filón de la realidad para lo literario?

La posición que Goytisolo mantenía en su charla americana de 1970 no pasaría de ser anecdótica si hubiera supuesto una excepción. Lo que la hace significativa, y por eso he querido traerla al caso, es que se trataba de una forma de entender el papel de la narrativa que fue extendiéndose como una mancha de aceite durante aquellos años entre los sectores que estaban más al día en la vieja Europa, y muy especialmente en Francia. Sus ecos se oyeron potentes en España. Recuerdo de memoria que, por las mismas fechas, quizá media docena de años después de la charla universitaria de Goytisolo, se publicaban en el suplemento literario del periódico *Informaciones* de Madrid (que, por entonces, marcaba las posiciones de la vanguardia literaria española) tesis parecidas una semana tras otra —lamentos sobre la tumba del realismo— que, curiosamente, llevaban muchas veces a un corolario que decía que, a medida que *lo político* penetraba en una novela, se esfumaba *la literatura*.

Esa madeja de razonamientos siempre me parecía cuando menos curiosa, ya que, mientras se lloraba sobre la tumba del realismo y se declaraba el fracaso de la novela «con tema», iban apareciendo en España nuevas variantes del difunto (ya hemos citado *Si te dicen que caí*, de Marsé, y *Recuento*, de Luis Goytisolo; podríamos hablar de *Días de llamas*, de Juan Iturralde, y de los primeros intentos narrativos de Vázquez Montalbán), que aportaban brillantes avances y enfoques originales a las relaciones entre reflexión social y literatura. Pero es que, además, esa tesis que se puso de moda —lo político expulsa lo literario— condenaba a no ser literatura a buena parte de las novelas clásicas del siglo XIX y a una infinidad de las del XX: no serían literatura la mayoría de las novelas de Balzac, ni las de Galdós; ni buena parte de las mejores páginas de *La educación sentimental* de Flaubert; ni las novelas de Tolstói, de Zola, de Dostoievski; ni por supuesto las de Pilniak, escritas la mayoría de ellas con innegable voluntad política. Obvio es decir que nada estaría más lejos de lo literario que los poemas de combate de *España, aparta de mí este cáliz*, de César Vallejo, o los del *Ser de Sansueña* de Cernuda. Y no digamos ya textos como *El Don apacible*, de Shólojov, o *El puente sobre el Drina*, de Ivo Andric, directamente nacidos para expresar ciertas posiciones políticas de más allá del telón de acero.

En cambio, para la brigada de los enterradores del realismo, para los partidarios de la revolución en el lenguaje, sí que eran gran literatura, y así se los defendía continuamente, los textos de Nabokov, Robbe-Grillet, Cabrera Infante, Severo Sarduy, Jorge Luis Borges u Octavio Paz, todos ellos proclamados maestros de una literatura portátil, que venía, sobre todo, de los libros para volver a ellos. Aunque, curiosamente, también eran «literatura» por entonces los muy realistas Solzhenitsyn y Pasternak, a quienes el propio Goytisolo cita y comprende en su artículo como novelistas obligados a repetir, «sin grandes variantes, los procedimientos narrativos decimonónicos» por su permanencia en la opresiva Unión Soviética. De nuevo, las preguntas: ¿por qué Solzhenitsyn sí?, ¿sólo porque sus novelas molestaban a los soviéticos?, ¿no hubieran sido buenas sus novelas si, por el contrario, hubieran molestado a la emigración blanca?, ¿si sus autores hubieran simpatizado con el gobierno soviético? Mal soporte para la tesis de la revolución literaria en el ámbito del lenguaje si, a la hora de la verdad, la calidad de los textos podía depender de la posición de sus autores con respecto a una revolución política.

Y digo eso porque, mientras me planteaba esas preguntas, me daba cuenta de que la lista de los novelistas que llegaban a reparar los supuestos estragos que había provocado sobre el género el realismo y su recurso al tema, se escoraba claramente hacia aquellos que, a veces con «grandes méritos literarios» y otras con no tantos, mostraban un fuerte componente de conservadurismo social, o, al menos, en una época de política de bloques, hacia quienes se inclinaban sin ambages por el bloque occidental: en efecto, la lista se nutría muy especialmente con nombres que habían sido muy beligerantes con las revoluciones rusa y cubana, o con disidentes de los partidos comunistas a quienes, en nombre de esa beligerancia, se les toleraba que eventualmente se alejasen del canon de la literariedad para adentrarse en precisos documentos realistas y de denuncia (Koestler podría ser un buen ejemplo de eso). O sea que, en esa selección, fui descubriendo –como era de esperar– que la polémica literaria encubría un trasfondo político y que hablar sólo de literatura era una estrategia que permitía tomar posiciones con una flexibilidad mayor, ya que lo político formaba parte de lo no dicho y, por tanto, de lo que no podía argumentarse, ni rebatirse. Desde esa estrategia de derribo, con demasiada frecuencia se definía al realismo por sus obras más mediocres, por los epigonales trabajos «de taller», y se oponía su grisura a la brillantez de los mejores logros de otras escuelas. También en las artes plásticas se vivía un momento parecido, en el que cualquier pintor que rozara el formalismo (entre otros, Freud y Bacon), y no digamos ya lo que, por entonces, se llamó la pintura social, era inmediatamente acusado de caduco, cuando no de prolongador de los más rutinarios trabajos del realismo social soviético.

No hay que olvidar que los partidos comunistas, incluido el español, siguiendo las tesis de Gyorgy Lukács, se habían inclinado por la defensa del realismo como forma literaria que podía ponerse al servicio de la revolución. Fueron los años en los que el expresionismo abstracto se impuso en Europa porque simbolizaba la libertad creativa del artista como valor fundamental de Occidente frente a los gastados valores soviéticos de justicia, solidaridad y, después de enterrados los experimentalismos que el primer momento de la revolución propulsó, de aburrida uniformidad y neoacademicismo. Aquel joven que yo era había empezado a darse cuenta de que, como en otras épocas de la historia (retrógrados frente a ilustrados; románticos frente a realistas; academicistas frente a impresionistas), las ideas políticas buscaban sus aliados en las escuelas artísticas. Frances Stonor Saunders, en su libro *La CIA y la guerra fría cultural*, nos ha contado recientemente cómo los dirigentes de los servicios secretos pensaron que el expresionismo abstracto era un arte que podía servir en la «guerra cultural» que Estados Unidos mantenía con la Unión Soviética y que gastaron no poco dinero y esfuerzos en apoyar su presencia y sus exposiciones. «Nos habíamos dado cuenta de que era el tipo de arte que menos tenía que ver con el realismo socialista, y hacía parecer al realismo socialista aún más amanerado y rígido y limitado de lo que en realidad era», declaró en una entrevista de 1994 Donald Jameson, uno de los altos mandos de los servicios secretos durante aquellos años. Por lo que se refiere a la novela, al teatro y al cine de intención política y social, la autocrítica que por aquellos mismos años se hizo en Estados Unidos no se llevó a cabo por iniciativa de los propios autores (porque consideraran agotados los temas, o la voluntad performativa), sino que fueron el macartismo y la caza de brujas quienes impulsaron de manera coactiva (incluida la cárcel para escritores como Dashiell Hammet) dicho debate, del que salió vencedora cierta idea edulcorada de la realidad, una confirmación de los valores de la patria; la castración de cualquier intento de poner en la mesa de disección un sistema que –a pesar de tratarse del inmune capitalismo avanzado– soportaba bastante mal ciertas maneras de mirar.

Consecuentemente, en aquellos tiempos en los que se preparaba la normalización de las relaciones entre arte y sociedad también en España (la autocrítica del realismo inducida por las vanguardias), funcionó un significativo sistema de acciones y omisiones. Así, mientras se olvidaba la afición de Céline por exterminar a los judíos a la hora de juzgar y colocar en lo más alto del canon su obra (quién puede negar la sobrecogedora grandeza del *Viaje al fin de la noche)*, se ponía en primer plano el colaboracionismo estalinista de Shólojov creando un ruido que impedía leer su soberbio *El Don apacible*. Mientras que el silencio disconforme de Lezama con la revolución cubana subrayaba positivamente su inmensa obra poética y narrativa (no digamos ya el exilio de Sarduy o Cabrera), el apoyo de Carpentier al régimen enturbiaba el brillo de sus metáforas. En cambio, al hablar de Ezra Pound, a nadie se le ocurría relacionar sus poemas con el papel del escritor como alto cargo en el aparato de propaganda fascista mussoliniano.

Ya por entonces (quizá por ser joven tenía una aguda sensibilidad hacia esos temas), me iba dando cuenta de que cada sector buscaba afinidades electivas entre la forma de escritura y su proyecto ideológico, o incluso burdamente organizativo. El capitalismo avanzado quizá no se escandalizara de nada, pero gustaba más de unas formas artísticas que de otras; de una manera de mirar que de otra: había varias ideas de normalidad enfrentadas y las unas intentaban desalojar a las otras. Con demasiada frecuencia, el ruido de las unas y las otras no dejaba escuchar lo que decían los libros, ni situar a los autores. O, seguramente, libros y autores en realidad eran parte de ese ruido. ¿No era el *Cándido* de Voltaire parte del ruido de la Ilustración? Doscientos años después de escrito, sus páginas ¿no seguían trayendo el aire de una revolución?

De hecho, pasado el tiempo, y apaciguadas las aguas de aquella tempestad renovadora, no tengo la impresión de que sea mejor la cosecha de novelas «de lenguaje» que se dio durante aquellos años en España (me cuesta recordar una sola que volvería a leer con gusto) que la floración de las que se escribieron «con tema», incluida la propia y excelente *Señas de identidad* de Juan Goytisolo que, releída no hace mucho tiempo, ha vuelto a parecerme un gran libro. Es más, esa escuela de novelas con tema ha seguido produciendo sus buenos frutos hasta nuestros días; proporcionándonos impecables textos que han sido magníficos vehículos de conocimiento del exterior del libro: *Los delitos insignificantes*, *El metro de platino iridiado*, o *El cielo raso* de Pombo, con su progresiva investigación acerca de la posibilidad de la existencia del bien en el mundo contemporáneo; o *Las pirañas* y *La flecha del miedo*, de Sánchez Ortiz, que combinan magistralmente tema, purgante y dinamita, son sólo algunos ejemplos de cómo el realismo, la literatura que mira hacia el exterior tanto como hacia el interior del libro, no sólo no estaba dando sus últimas boqueadas a fines de los sesenta, sino que ha seguido alargando sus tentáculos hasta hoy, imponiendo su voz y, suponemos, su legalidad narrativa.

Juan Carlos Rodríguez, en su libro *La literatura del pobre*, nos traslada al fin de la Edad Media para hablarnos acerca de la posible legitimidad o no de cualquier ficción. Una vez desaparecida como canon la Biblia (cualquier otra Escritura Sagrada) que, hasta entonces, había sido la madre de la verdad y la legitimidad, ¿qué o quién legitima el acto de narrar? Dice Juan Carlos Rodríguez: «El problema de la legitimación de los textos nos lleva al de la legitimación de la literatura, verdadero problema de fondo. La realidad de su propia existencia (al menos tal como la conocemos a partir de los siglos XIV-XVI) depende sin duda del hecho más determinante de todos: la necesidad de las relaciones burguesas de inventarse un sustituto o un paralelo del alma sacralizada feudal. No es que el alma desaparezca, es que el sujeto libre y autónomo necesita de un alma libre y autónoma a su vez. Y éste es el gran invento, la gran ficción: esa alma libre y autónoma será denominada "espíritu humano", y a veces también "naturaleza humana" con el mismo valor significativo.

»Ahora bien, el espíritu humano [...] es una ficción, algo que no existe en ninguna parte y que sí necesita legitimación. El alma estaba legitimada por Dios, pero ¿quién legitima el espíritu humano libre y autónomo? Sólo existe una posibilidad:

la propia discursividad de ese sujeto libre y autónomo [...] La literatura (y su hermana inversa, la filosofía) nace/sirve, pues, para materializar esa ficción que es el espíritu humano [...] No es la literatura, propiamente hablando, la que necesita legitimarse, sino el espíritu humano, el sujeto libre y autónomo.»

Como bien decía Goytisolo al hablarnos de Valle (y nos resulta, por lo demás, evidente), en una obra literaria todo es lenguaje y «el idioma hay que renovarlo como todo en la vida». Pero el lenguaje se organiza de una determinada manera, al servicio de algo o de alguien. Y a ese orden sólo el exterior le impone la legitimidad última (el qui prodest?), más allá de la riqueza y coherencia internas de la obra. En el espléndido lenguaje de *Luces de bohemia* está prendida la sordidez del exterior, de su tiempo: sin eso, la pieza teatral ni sería lo que es, ni nos diría lo que nos dice; su lenguaje no nos escandalizaría si excluyéramos a ese obrero al que van a aplicarle minutos más tarde la ley de fugas y al cínico y melancólico ministro de Interior que recuerda sus tiempos de camaradería poética y las noches de bohemia con Max Estrella, y que acaba de dar la orden de matar, insigne precursor —más de sesenta años separan a uno y otro— de ese desvergonzado ex ministro de Interior que cita poemas que otro Goytisolo —José Agustín— escribió durante la resistencia comunista contra Franco, para encabezar sus llorosas columnas periodísticas a favor del terrorismo de Estado que él mismo impulsó. En Barrionuevo, como en Valle, todo lo que leemos es lenguaje. Pero, en uno, el lenguaje viste al ministro; mientras que, en el otro, lo desnuda. Se trata de dos legitimidades verbales enfrentadas. Dos manifestaciones del escándalo. Casi dos escuelas literarias.

El lenguaje se nos descubre capaz de vestir o de desnudar. Cada modelo de «espíritu humano» en juego en un momento histórico posee el fantasma de una legitimidad distinta que pretende desplazar a través del uso del lenguaje a las que la discuten o se le oponen. Y, cada vez, desde su posición de dominio, el vencedor y su cohorte consideran la victoria de su modelo como normalidad. En restablecer esa normalidad se empeñaban policías, militares, curas, políticos, poetas y novelistas cuando Franco proclamó su victoria en 1939. En desalojarla, los jóvenes escritores de la generación de los cincuenta, y el propio Juan Goytisolo. A ese respecto, me gusta citar siempre una discusión que Max Aub incluyó en uno de los volúmenes de *El laberinto mágico*, y que puede ver el lector en el capítulo titulado «El Yo culpable», donde la comento con más detalle: mientras los ejércitos ocupan por las armas los espacios físicos del país, los artistas e intelectuales pelean por las parcelas del imaginario que se impondrá, por la constelación de valores que marcará las formas de pensar, sentir y amar del vencedor.

Como bien dice Walter Benjamin en un texto que lleva por título *Tesis de filosofía de la historia:* «Articular históricamente el pasado no significa conocerlo "como verdaderamente ha sido". Significa adueñarse de un recuerdo tal como éste relampaguea en un instante de peligro.» Y añade un poco más adelante: «Los amos eventuales son los herederos de todos aquellos que han vencido [...] Quien quiera que haya conducido la victoria hasta el día de hoy, participa en el cortejo triunfal en el cual los dominadores de hoy pasan sobre aquellos que hoy yacen en tierra. La presa, como ha sido siempre costumbre, es arrastrada en triunfo. Se la denomina con la expresión "patrimonio cultural".»

De eso hablamos hoy al contar que, durante la década de los setenta, hubo en España un activo grupo que declaró obsoleta la literatura con tema, el realismo: expulsó a la novela de la calle, mirando el género con la altivez intelectual de quien cree saber de sobra todo cuanto no le concierne, o ridiculizando las pretensiones de la novela de participar en el perpetuo debate para construir otros imaginarios, otras sensibilidades. Se la envió al salón de lo específicamente literario, a emprender una fantasmagórica revolución sintáctica (que recuerda la lucha de don Quijote con los odres de vino). En un movimiento paralelo, con idéntico afán de vuelta a la normalidad, durante la transición se fue enviando a espacios virtuales también a sindicatos, movimientos sociales y partidos políticos, para quienes se decretó igualmente normalizada la realidad a la muerte del dictador. Por fin, España y el mundo se encontraban, ajustaban sus relojes. La realidad se había vuelto tan normal que ya no proporcionaba tema a los novelistas de altura. Y ya sé que no es ésa la literatura que ha practicado Goytisolo, quien ha seguido empeñado en una pelea –pura intervención política, «con tema» y sin él– contra el exterior, contra su país, o contra ese país de papel que se ha inventado. Pero lo cierto es que echó algunas paladas de tierra sobre un muerto que seguía estando muy vivo, y que es un muerto que me resulta familiar, un poco mío.

Walter Benjamin decía que «no existe documento de cultura que no sea a la vez (por sus orígenes) "documento de barbarie"». Según él, la cultura no es sino una forma más de patrimonio, sometido a perpetuo saqueo (eso fue Balzac quien nos lo contó). Todo texto es saqueo. Este texto es saqueo en la lucha por los imaginarios: luchar por la parte de herencia correspondiente. A estas alturas de la vida, ya hemos aprendido que la «normalidad» es sólo un espejismo, una forma más de discurso; sabemos, con Benjamin, que «el estado de emergencia» no es jamás la excepción sino la regla. También bajo el actual capitalismo avanzado que parece no escandalizarse por nada y cuyo cerco de seguridad nadie sabemos cómo atravesar.

Segundas Jornadas de Pensamiento Crítico,
Madrid, 7 de diciembre de 1997

CON LOS ALUMNOS DE UN INSTITUTO EN ZAFRA, EL CATORCE DE ABRIL

A Carmen Martín Gaite

Veis a un viejo sentado al sol. Está inmóvil y en silencio; a lo mejor, con los ojos entornados. Vosotros, que sois jóvenes y, en ese mismo instante, habláis, os reís, o corréis de un sitio para otro, es casi seguro que lo miráis desde una especie de superioridad. También es muy probable que estéis convencidos de que sois vosotros, y no él, quienes tenéis el sentido de las cosas, quienes sabéis, porque conocéis los nombres de las canciones que están de moda, de los artistas de cine o de las marcas de las zapatillas de deportes.

Esos conocimientos os parecen –casi– la sabiduría, y veis al viejo y tenéis la tentación de pensar que se trata de una especie de mineral; o de un galápago de piel rugosa y movimientos lentos, que poco puede deciros. Y, sin embargo, ese hombre, al entornar los ojos, a lo mejor está volviendo a ver los rasgos de su madre en el momento en que era joven y, al menos para él, muy hermosa, unos rasgos que ya nadie –como no sea él– puede recordar, porque hace años que murieron cuantos la conocieron así, como él la recuerda, en su juventud; puede ver también los rasgos de sus amigos, tan jóvenes entonces como vosotros lo sois ahora, tan llenos de frescura y de vida; puede, incluso, recordar la voz de algunos de ellos, los chistes que contaban y con los que se reían con una alegría que –como la vuestra– no miraba hacia el futuro irremediable de silencio que había de llegarles. Recuerda las conversaciones que mantenían en el bar, los lugares del pueblo que ya han desaparecido, el cuerpo de la primera mujer que vio desnuda; o el de la mujer con la que se casó unos años más tarde, que a él tanto le gustaba y que también ha desaparecido ya hace tiempo; el color del mar el día en que cruzó el estrecho de Gibraltar vestido de soldado para hacer el servicio militar en África, la luz del desierto, el sonido de los disparos de los fusiles y su eco rebotando entre las dunas, las canciones que sonaban entonces y cuya música y letra todo el mundo conocía y tarareaba, de la misma manera que ahora conocéis y tarareáis vosotros las canciones que os gustan; las que le gustaba bailar en su juventud.

Ese hombre tiene en su cabeza un mundo; o, mejor dicho, su cabeza es un almacén en el que se guarda toda una forma de ver el mundo: lo que decían los periódicos de entonces y lo que él pensaba de lo que decían; los toreros, artistas y cantantes que estuvieron de moda; las noticias que llegaban desde Estados Unidos, desde Berlín o desde China. El corte de los vestidos que por entonces se llevaban. Todo eso está guardado en él y, sin embargo, cuando vosotros lo veis ahí, quieto, os parece vacío. Sólo si, de repente, una tarde empieza a hablar y os paráis a escucharlo, descubrís todo ese mundo que hay dentro de él; y si es buen narrador, creéis ver vosotros mismos lo que él vio, escuchar las canciones que oyó; sentís una parte de la felicidad de su primer baile, o de la angustia de la guerra. Es decir, que ese hombre callado que parecía no ser nada para vosotros, si empieza a hablar –y habla bien– puede revelaros todo un mundo y haceros participar por unos instantes en sus juegos juveniles, en sus deseos, en sus tristezas, en una serie de cosas que ya no están en ninguna parte más que en él mismo, dentro de él, y en las palabras que pronuncia.

Un ser humano es sagrado –los cristianos hablan de que es templo del Espíritu Santo–, porque es un mundo entero, el mundo entero visto desde un lugar, desde una mirada que, al desvanecerse, se lleva consigo esa forma irrepetible de verlo. Y, sin embargo, ese ser irrepetible está destinado a desaparecer pronto, como desapareceremos nosotros mismos, y de él sólo quedarán las imágenes que hayan guardado las fotografías, pronto amarillas, desvaneciéndose; los recuerdos que nos haya transmitido con sus palabras; lo que hayamos percibido de él con nuestra mirada. No pasará mucho tiempo antes de que nosotros seamos lo que él es hoy, y, entonces, seremos los únicos que recordaremos al viejo con los ojos cerrados recibiendo el sol de la mañana, y pensaremos de vez en cuando en las historias de juventud que nos contó: el mar, las dunas de Marruecos, la canción que tarareó, los rostros de la gente que amó, cosas que nosotros no podremos ver si cerramos los ojos, pero que seguiremos recordando que él las vio. Claro que, para entonces, nosotros mismos seremos el viejo que toma el sol y que, al cerrar los ojos, recuerda otros mares, otros cuerpos, otras canciones, otros días de fiesta o de sufrimiento, y sabremos que, si no se lo contamos a alguien, pronto morirán con nosotros.

Bien es verdad que las palabras –como suele decirse– se las lleva el viento, y los recuerdos son demasiadas veces lábiles, esquivos, porque el ser humano es un animal que construye el olvido, así que, si queremos fijar algo de lo que vimos o nos contaron y que se conserve algo de lo que nosotros también un día desearemos contar, tenemos que fijar de algún modo esas palabras; es decir, tendremos que recurrir a la escritura.

Cuando uno quiere dejar constancia de algo, debe escribirlo y escribirlo bien, con cuidado, con precisión. Y como dice Carmen Martín Gaite, una gran escritora, en el libro más hermoso que escribió y que se titula *El cuento de nunca acabar*, cuanto más personal e íntimo sea lo que queremos contar, más rigurosos debemos ser en nuestra escritura, y viene a decir que un cronista de una batalla puede equivocarse en sus apreciaciones, porque, en ese caso, los errores serán reparables, puesto que llegarán a dar cuenta del suceso otros cronistas –del mismo bando y del contrario–, y los técnicos y los historiadores medirán la magnitud del desastre y contarán con mayor o menor precisión el número de los muertos, y cuadrarán cuentas; porque, al fin y al cabo, la batalla existe al margen del cronista, de su agudeza o de su torpeza. En cambio, si lo que uno quiere contar es algo tan íntimo como pueda serlo una historia de amor, debe saber que o la cuenta, o esa historia no habrá existido; aún más, si no cuenta esa historia muy bien, la convertirá en mediocre, ya que una historia de amor no es más que lo que uno sea capaz de contarse a sí mismo, contarle al amante, o contarles a los demás. Fuera de eso, no existe. Es aire.

Por eso, del mismo modo que tenemos que mirar con respeto y admiración a cualquier humano, porque lleva un mundo entero (una experiencia irrepetible del mundo) dentro, debemos mimar las palabras y su ordenado conjunto, lo que llamamos la lengua, porque, si la usamos bien, transportan con viveza y precisión ese mundo que hemos vivido y llevamos dentro, mientras que, si no es así, si contamos con imprecisión, sin gracia ni inteligencia, nos limitamos a dejar entrever espacios sombríos, carentes de contrastes, de nitidez; tristes y desolados parajes, apagadas realidades que limitan con la mentira o con la nada.

Cuando empezamos a leer una buena narración, un buen poema, una novela, de repente la soledad de nuestra habitación se puebla de gente, de paisajes, de sentimientos que con mucha frecuencia reconocemos como propios y que, al cerrar el libro, nos dejan recuerdos a veces más intensos que los que nos deja el propio discurrir de los días.

Hay muchos personajes de novela que acaban pareciéndonos más próximos que gente que vive cerca de nosotros, porque los libros, cuando uno los cierra después de haberlos leído, no se evaporan, dejan un poso. Quien no los lee, no entra en esos mundos, ni conoce a esa gente, ni esos paisajes, ni tiene el consuelo de encontrar en otros sentimientos que él creía nada más que suyos. Quien no abre un libro, sólo vive una vida y la vive dando tumbos, creyéndose único en los espacios más íntimos, en esos que no cuenta ni comparte con nadie y que podría compartir con los discretos personajes de los libros, que siempre le guardarán el secreto.

Si un hombre es un mundo, un libro es un hombre: cada libro es un hombre entero que se entrega. De ahí que deban merecernos tanto respeto los libros, porque contienen vidas y pasiones que nos llegan a través de las palabras escritas, y, si pueden hacerlo, es gracias a que los hombres compartimos esa maravilla que se llama idioma, un código común por el cual si yo digo agua, vosotros me entendéis, y si pido pan, también, y si os digo todas estas cosas que os estoy diciendo ahora también me entendéis. El idioma es una especie de armario en el que cada grupo de hombres guarda ordenado en forma de palabras, de grupos de palabras que se relacionan siguiendo unas normas, su mundo, el tesoro de las experiencias que ha aprendido a lo largo de siglos; por eso, debéis rechazar a cuantos hagan bromas con el idioma, a cuantos se burlen de otras lenguas, o de cómo hablan otras personas que hablan de manera diferente a como lo hacen ellos. Burlarse de una lengua que no es la nuestra es burlarse de los hombres que, durante siglos, han ido acumulando cuanto sabían y convirtiéndolo en sonidos que expresan dolor, amor, necesidad, cansancio o felicidad.

Hace pocos días, volví a leer *Tirant lo Blanc*, que es un libro escrito en valenciano, o en catalán de Valencia, y que tiene quinientos años. Al leerlo, me volvía toda mi infancia, porque yo nací allí, en Valencia, y ese libro tan antiguo recogía ya la manera de ser del pueblo del que procedo, su sentido del humor y de la tragedia. Cervantes, en el *Quijote,* dijo de él que era el mejor libro del mundo, y lo dijo en castellano; del mismo modo que Tolstói en ruso, Thomas Mann en alemán y Dickens en inglés dijeron que el libro de Cervantes era el mejor del mundo. Todos estos grandes escritores, maestros en el manejo de sus respectivas lenguas, conocían y admiraban el valor de los tesoros que guardaban los otros y se enriquecían con ellos.

Ahora, desde hace unos pocos años, vuelvo a oír con demasiada frecuencia en boca de gente de vuestra edad algo que ya tuve que oír en los tiempos de la dictadura y contra lo que siempre combatí: que las otras lenguas son inferiores a la propia (la que sea, en todas las lenguas hay intransigentes), y que no es bueno que los catalanes hablen en catalán, los gallegos en gallego o los vascos en vasco: esa actitud lleva a una de las peores formas de barbarie, y debéis huir de ella los jóvenes, aunque ya sé que la alientan muchos de vuestros mayores, empujados por mezquinos intereses, o –lo que es peor– por estupidez e ignorancia. Los emigrantes –y Extremadura ha sido tierra de emigrantes– saben muy bien cuánto emociona oír la propia lengua lejos de casa. Es una emoción que alcanza a cada cual en la lengua que aprendió en su infancia y nadie debe suplantar esa emoción, nadie puede prohibirla ni, por resabios tribales, imponerla. Si con cada hombre que calla o que muere perdemos toda una forma de ver el mundo, con cada lengua que desaparece perdemos la forma de ver el mundo de muchas generaciones y, con ella, su sabiduría.

La lengua es un bien común, del mismo modo que la literatura es un intento de recoger las voces que pronuncia mucha gente en esa lengua para intentar expresarlas en una voz colectiva. Yo, al menos, no entiendo la literatura de otra manera. Creo que el escritor es el hombre que sabe recoger los sentimientos, las ansiedades y deseos de muchos y expresarlos a través de una sola voz, en un solo proyecto. Creo que escribir es un arte ambiguo, raro, y, a veces, lo es hasta de un modo irritante, porque exige la soledad –se escribe en silencio, a solas–, pero no alcanza su fin si no es con los otros, con los lectores.

A mí me gusta mucho hablaros hoy de proyectos en común, porque es catorce de abril y se cumplen sesenta y seis años de un día en el que nuestro país vivió uno de los escasos momentos de su historia en los que el pueblo se emocionó con una gran alegría compartida, con una enorme esperanza. Os hablo de la Segunda República. Y me gusta recordar esa fecha ahora, cuando los proyectos en común –que se recogen en la palabra política, hoy por desgracia tan desprestigiada– están de capa caída y se os recomienda a los jóvenes olvidaros de los asuntos públicos que se supone que hay que dejar en manos de gente con pocos escrúpulos, y se os incita a competir los unos con los otros por una posición, y a labraros un porvenir, no con los compañeros, sino peleando sin piedad en contra de ellos, que os disputan la plaza en una oposición o el puesto en el trabajo. En un día como hoy, y en un momento así, quisiera recordar lo que Antonio Machado les decía a los jóvenes republicanos: que hiciesen política, porque, si no, otros la harían por ellos. Al fin y al cabo, la literatura es una parcela más de eso que llamamos el bien común y que está formado por cosas tan evanescentes como las palabras, la música o las ideas, y de otras sólidas, como la naturaleza o los cultivos; la arquitectura, las industrias, todo cuanto compone la riqueza pasada y actual de un pueblo y que debe defenderse parcela a parcela y en su conjunto.

Zafra (Badajoz), 14 de abril de 1997

EL YO CULPABLE

I. EL CLUB DE LOS EGOTISTAS

Uno lee con vértigo las más de seiscientas páginas que componen el último tomo de *El laberinto mágico*, el que lleva por título *Campo de los almendros*. El epílogo de la guerra y el final del ciclo narrativo imponen una dramática aceleración en la trama del libro, que, además de romperse –como la historia de las vidas que narra– en mil pedazos, se abre a una reflexión del autor, que se introduce en la novela en unas llamadas «páginas azules» y, también, un poco más adelante, en forma de ese antipático alter ego en negativo que lo persigue a lo largo de su obra: el escritor egotista, a quien Aub suicidó en 1931 bajo el nombre de Luis Álvarez Petreña, resucitó después en un alarde de prestidigitación para pasearlo por México antes de dejarlo otra vez morir treinta años más tarde en un hospital británico, y que, entre tanto, se encarnó en otros personajes de su quehacer literario, y circuló por los laberínticos campos con el nombre de Paco Ferrís: un ser que personifica las relaciones de Aub con el grupo de los discípulos de Ortega, partidarios de lo que se llamó por entonces, siguiendo la terminología del filósofo, el arte deshumanizado, y que alejaba los conceptos de arte e intervención social proponiendo como altivo ideal estético una aristocracia de la mente.

En esta última parte del ciclo, cuando cuenta la desesperación de quienes, en el puerto de Alicante, aguardan en vano la llegada de un barco que los rescate de la furia de los nacionales que, poco a poco, van convirtiéndose en una presencia que los rodea y que también manifiestan su aparición como una camusiana epidemia que contamina a muchos de los propios cercados, Max Aub consigue un cúmulo de tensión pocas veces alcanzado en la literatura y que, como en otras partes de su obra, adquiere la altura y sobrecogedora densidad de las tragedias clásicas.

A medida que avanza el libro, crece el caos y se multiplican las escenas desgarradoras: hay suicidios, traiciones, terror y renuncias; se descubre que la derrota es un hecho y que el sueño de solidaridad que había acariciado tanta gente se ha desvanecido, porque no era más que eso, un sueño. Los personajes, en una confusión de voces y de gestos, magníficamente expresada en ágiles diálogos y en capítulos fragmentarios, actúan con desesperación. Uno de ellos, Gregorio Murcia, rompe el carnet del partido comunista y, cuando su compañero le pregunta qué es lo que adelanta con eso, responde: «Nada. Pero que no me digan ya, ni ahora ni nunca, que crea que los obreros de Odessa y los de Constantinopla, sumados a los de Nueva York o Buenos Aires, se ocupan o preocupan de la suerte, del destino de sus "hermanos".»

Entretanto, a pocos metros, un padre le dice a su hijo: «Estos que ves, españoles rotos, derrotados, hacinados, heridos, soñolientos, medio muertos, esperanzados todavía en escapar, son, no lo olvides, lo mejor del mundo. No lo olvides nunca, hijo, no lo olvides.

»Lloraba. El niño –tendría cinco años– lo miraba sin comprender [...] quisiera que lo que está diciendo a su hijo mayor (el otro aún mama de la teta de su madre, allí al lado) se le quedara grabado indeleblemente en la memoria. Sabe que no es posible. Lo siente.»

Como en una película de Eisenstein, los planos se suceden vertiginosamente dando la sensación de que uno presencia al tiempo la tragedia de todos y la de cada uno de los protagonistas. En algún lugar de ese escenario dantesco, unas pocas líneas más arriba de las que acabamos de reproducir, yace, muerto de un tiro en la barriga, Paco Ferrís, que, irremediable prisionero del destino colectivo, aún había soñado –no se sabe sin con un punto de ironía del autor, o de tozuda ceguera del personaje ante los hechos– «escribir una novela muerta. Una piedra. Que no sea más que ella misma, sin relación con nada. El colmo de la pureza, de la deshumanización; que no dependa de nada, sino de mí. Una novela que se suicide a sí misma. Una novela que, existiendo, carezca de sombra. Una historia sin antecedentes, sin fin, en la que no suceda nada. Una novela piedra, como estas del puerto; una novela cemento, como el que une las piedras, una novela cubo como éste para los excrementos, pero sin ellos (sería demasiado fácil). Una novela que no signifique nada. Una novela vacía. Una novela que sea a la narración lo que Kandinski es a la pintura de historia. Una novela fría».

Pocas páginas antes, Ferrís había querido quedarse en Valencia emboscado, a la espera de la entrada de los vencedores, había intentado pasarse impúdicamente al lado de los nacionales, había levantado el brazo y gritado un miserable «¡Viva España!», que no le sirvió de nada que no fuera su propia humillación. Ferrís, dice el texto, «no ha nacido para exiliado».

Como escritor, había perseguido la gloria, que, para él, era «ser traducido a todos los idiomas y que se lo paguen a uno». De un modo distinto, claro está, a Blasco Ibáñez, pero, «en el fondo, con un sentimiento parecido». Cuando uno de los personajes le dice que tendría que estar del otro lado, Ferrís se lamenta: «Los de enfrente no son falangistas, sino banqueros y militares; y fabricantes de zapatos», subrayando que, de lo que llega, lo que le molesta es la vulgaridad. El republicano Templado lo define: «A ti lo que te importa es tu sombra. Mírala, te la regala la luna. Dentro de un momento ya no la tendrás, por las nubes.»

Ferrís, en cautiverio, atado al destino de miles de seres anónimos, y seguramente convencido a su pesar de que su obra no podrá ser ya nunca una novela sin sombra, ni un frío Kandinski de la historia, antes de morir apenas ha tenido tiempo de entender y anotar en su cuaderno: «Vaga la vida por el universo, sin más ley que el existir; pero su dirección carece de fin y de moral; por eso el hombre lucha, desde que tiene uso de razón, por alcanzarlos. Y esa lucha es su moral. Pero ya no lucho. Ya no.» El lector entiende que es demasiado tarde para que Ferrís acepte que hay algo en el exterior de la obra de arte que siempre acaba poniéndola en su sitio, o sacándola de él. La obra no es una piedra ciega que vaga por el universo como un asteroide, sino el fruto de un intervencionista acto de voluntad.

Consumado el crimen, ante el cadáver del escritor, Paulino Cuartero, el católico autor de teatro, y Julián Templado, esos otros dos personajes que, a todo lo largo de *El laberinto mágico*, forman dos caras más del complicado poliedro de las preocupaciones intelectuales de Max Aub, mantienen el siguiente diálogo:

–Aquí se acaba un capítulo de la juventud del mundo.
–¿Qué quieres decir?
–A veces domina el empuje hacia algo nuevo, o que lo parece; otras, los más y las más, se contentan los gobiernos, y las gentes, con administrar, bien o mal, lo que tienen. Ahora, todos, quisiéramos o no, empujábamos hacia algo nuevo.

Ha pasado un cuarto de siglo de la cronología histórica de ese episodio de ficción cuando Aub lo escribe y, escribiéndolo, decide cerrar su propio ciclo narrativo sobre la guerra. Lo hace con la resaca que dejan siempre los proyectos concluidos (el castigo de las plegarias atendidas, que diría Santa Teresa), y se pregunta el porqué y el para qué de su esfuerzo. Y es como si, al dejar constancia de las propias dudas como novelista de su tiempo, no quisiera perder la ocasión de fechar en ese desapacible y húmedo día de marzo de 1939 la lápida del sepulcro de la literatura deshumanizada.

En su *Discurso de la novela española contemporánea*, Aub había hablado de todo eso y había citado al Ortega que afirmaba, complacido de su ingenio: «Todo lo exquisito –¡qué le vamos a hacer!– es socialmente ineficaz.» Aub le daba su respuesta ante el cadáver del exquisito oportunista Ferrís, a quien sólo importaba la obra como puerta de su gloria y escaparate de su ingenio, y que se ha quedado tendido en el lodo con un tiro en la barriga, haciéndole decir a Cuartero, el dramaturgo católico: «Era capaz de cualquier cosa.» Y a Templado: «Ahora, sólo de pudrirse.» En ese texto de *Campo de los almendros*, al final del soberbio proyecto narrativo asistimos –con ese epitafio– a una reedición del capítulo del *Quijote* en el que el cura y el barbero expurgan la biblioteca del hidalgo. Aub deja tendida en el suelo una forma de ver la literatura que los hechos se han encargado de tirotear.

En realidad, la muerte del literato no ha carecido de ambiguo valor, aunque no sea más que el valor de un inútil gesto estético. Ferrís, el soñador de novelas puras, ha muerto por negarse a entregarle su pluma estilográfica a un guardia codicioso. «La pluma, no. Lo que quiera. La pluma, no», ha repetido unas cuantas veces Ferrís en una especie de parodia del «Mi reino por un caballo» de Ricardo III. «Todavía la llevaba en la mano. Se le echó [el guardia] encima. Un solo tiro, en la panza. Cayó, como es natural, en el lodo.»

Quedan a disposición del lector del libro de Aub –que en vez de una novela cerrada ha decidido hacer una novela abierta que lo digiere todo, que vive porque come de todo y lo digiere todo– las páginas de Ferrís, guardadas en un portafolios, su confesión de narciso ensimismado, que se lamenta: «Para escribir una novela hay que dejar de ser. No podré nunca [...] soy incapaz de inventar un personaje: todos los que invento (?) soy yo.» Y continúa con unas disquisiciones propias de la vanguardia literaria de su tiempo acerca del valor del arte, sobre su utilidad o inutilidad, sobre la hermosura como una necesidad humana y sobre la difícil relación entre política y literatura. A todas ellas ha respondido implícitamente Aub, añadiendo las páginas de Ferrís a las suyas y convirtiéndolas en parte de su propio libro. Le ha respondido igualmente entrometiéndose él mismo en el texto, para mostrar que su omnívora novela admite también sus dudas como autor que ha concluido un camino quizá inútil o torpe o equivocado, pero desde cuyo último recodo puede declarar: «El planteamiento de los problemas de realidad e irrealismo me ha tenido siempre sin cuidado, me importan la libertad y la justicia. De esta última, como es natural con los años, estoy un poco –sólo un poco– desengañado; de Asunción [es decir, de su labor como creador de personajes], no.» Ahí, en su declaración de amor a Asunción, que ha nacido de él y que no es suya, que sigue teniendo los veinte años que tenía cuando la puso a caminar por el laberinto, mientras que él ha envejecido y perdido sus ilusiones, Aub, con su habitual sorna, vuelve a responderle a Ferrís, y se responde a sí mismo; le responde al joven artista que él mismo fue antes de la guerra y la República, cuando escribía *Fábula verde* o *Geografía*, y su respuesta es que, si ha creado un personaje como Asunción, eso significa que ha sido capaz de salir de sí mismo, de escribir lo que Ferrís no pudo, una novela, y, por tanto, de contarnos la historia de la pluma, pero también la de la derrota de la pluma frente a la pistola y la historia de lo que esa pluma escribió minutos antes de cambiar de manos. Y, además, ha contado a lo largo de cientos de páginas que la pluma es nada más que una partícula infinita cuyo brillo apenas ocupa un par de líneas en la sombría tragedia de las multitudes.

En 1931, Luis Álvarez Petreña, el predecesor literario de Ferrís, anotaba en su cuaderno: «–¿No encuentras, Luis, que ya has escrito hoy bastante de ti mismo?» Y unas páginas antes: «Muchas veces, inclinado sobre mí mismo, como si fuese sobre el brocal de una cisterna, me grito "¡Luis!" y oigo cómo me contestan desde lo hondo "¡Eh, Luis!", y me quedo más tranquilo.» Pocos días más tarde, Luis Álvarez Petreña decidía suicidarse en una España que, distraída con el alumbramiento de su república, no encontraba tiempo para pararse a mirarle el ombligo a ese hombre que se quejaba de que «ser escritor hoy en España es una continua desesperanza. Yo no sé si siempre ha sido así. Si escribo es porque tengo algo que decir a los demás para que me hagan caso y me comprendan. Y la indiferencia es absoluta». No era el lamento de Larra, pese a las apariencias, sino su contrario. Lloro porque España no me mira.

A la mujer a la que quería seducir le escribía Luis diciéndole: «¡La soledad! ¿Sabes tú algo de ella? ¿Te has encontrado alguna vez como yo ahora entre las cuatro paredes blancas de una casa de huéspedes, sin nadie a quien llamar para consolarme de mi tristísimo ánimo? Tú andarás brillando y la revolución bulle por las calles, y yo busco desesperadamente algo a que agarrarme, un consuelo.» Antes de quitarse de en medio, aún escribirá: «Creo que mi salvación estaría en una revolución social. Una revolución como la rusa. No te rías, me la ves desear, no como un bien para los oprimidos –que no me importan– sino por mí, subjetivamente. Nada menos que una subversión total del mundo pido para posibilitar mi salvación, ¡calcula hasta qué punto me doy por perdido, porque además esta revolución la veo tan imposible, que es quizás esa misma imposibilidad la que me la hace figurar como probable puerto...» Petreña –nuevo Werther– le pide al mundo, como los autores románticos le pedían, que recoja en su vagar por los espacios infinitos los latidos de su corazón. («Olas gigantes que os rompéis bramando / en las playas desiertas y remotas, / envuelto entre la sábana de espumas, / llevadme con vosotras», suplicaba Bécquer.)

No sé si puede parecer arbitrario recordar que, a más de mil kilómetros de donde yace el cadáver de Álvarez Petreña que ahora contemplamos, en ese mismo año de 1931 al que hemos retrocedido, hay otro hombre que, en otra desolada habitación, ante un teléfono que no suena para darle noticias de su amada, y harto de un mundo que no comprende su grandeza, empuña una pistola («Un revólver, es sólido, es de acero») y emprende el mismo mutis por el foro que Luis Álvarez Petreña. Se trata, en este caso, de un complejo y sombrío Werther francés. Se llama –por arte de la literatura se sigue llamando, aunque acaba de suicidarse– Alain, y es el protagonista de *Le feu follet (El fuego fatuo)*, la novela de Pierre Drieu La Rochelle.

Traigo al Alain de Drieu a estas líneas, además de por la similitud y sincronía que presenta su muerte con la de Petreña, porque no deja de resultarme curioso leer lo que André Gide había escrito del autor de ese extraordinario libro que es *El fuego fatuo* cuatro años antes de que se produjesen los dos suicidios literarios a los que acabamos de asistir y de los que hemos levantado acta. El diecinueve de agosto de 1927, leemos en el diario de André Gide:

«He encontrado en el bulevar a Drieu La Rochelle. Como me anuncia que se va a casar dentro de cinco días, creo decente llevarlo a tomar una copa de oporto en un bar.

»–Sí –me dice–: es una experiencia que quiero tener.

Quiero saber si podré aguantar. Hasta ahora no he podido mantener una amistad o un amor durante más de seis meses.» Y concluye, después de su encuentro, André Gide: «Todos estos jóvenes están terriblemente dedicados a sí mismos. Jamás saben separarse de sus personas. Barrès ha sido para ellos muy mal maestro; su enseñanza lleva a la desesperación, al tedio. Por escapar de esto, muchos de ellos se precipitan luego de cabeza en el catolicismo, como él se ha metido en la política. Se juzgará todo esto muy severamente dentro de veinte años.»

Nos parece estar escuchando a Petreña cuando se enjuicia a sí mismo. «¿No te parece que ya has hablado bastante de ti hoy, Luis?» El yo, el pozo que devuelve la imagen de Narciso y su voz, y una gran revolución salvadora, no de nada ni de nadie, sino de uno mismo.

Volveremos a escuchar palabras muy parecidas a las de Petreña si seguimos en contacto con Drieu La Rochelle y leemos *Gilles*, la novela que publicó en 1939, y en la que su protagonista, Gilles Gambier, altivo y rebelde intelectual aristocrático que cree en la pureza del arte al tiempo que admira a los hombres de acción, habla con grandes palabras como patria, revolución, máquina y partido, a la hora de elegir qué puede hacer con su hastío, y, harto de la mediocridad de cuanto lo rodea, decide ponerlo al servicio de la causa que Franco había emprendido contra la vulgaridad de un pueblo. Qué mejor puede hacer un hombre que ya no soporta a las mujeres, y ha visitado Chartres y Florencia las suficientes veces como para llevarse consigo su belleza. «Para acercarse a Dios, nada mejor que el gesto de coger un fusil», dirá Gilles. La guerra como una catedral.

Claro que esta vez se trata de una guerra ajena y romántica, en cuya acción uno tiene la elegante posibilidad de participar o de quedarse en casa. Y, una vez que se ha decidido a salir de casa, la libertad de elegir hacia qué lado se dirige uno. Antes de decidirse, Gilles Gambier parece haber escuchado las palabras que Ortega incluyó en *Notas del vago estío*, y que tan oportunamente cita Ignacio Soldevila en *La obra narrativa de Max Aub (1929-1969)*, ese libro que nos hace pensar que ya todo está dicho sobre la obra del escritor. Ortega habla del escritor de poco talento «que tenderá a convencerse a sí mismo y a los demás de que escribir no es tener ideas, imágenes, gracia, amenidad, música verbal, etc., sino defender el socialismo o combatir por la libertad. ¡Qué sería en efecto del pobre hombre si no creyese tal cosa!». Gilles –contrafigura de Drieu como el propio Drieu insinúa en el prólogo– es probable que no lo haya escuchado de Ortega. Pero lleva años escuchándolo de Barrès, que ha elaborado un ideario de belleza y aristocracia del espíritu que lo mismo se encarna en la grandeza de catedrales y ciudades –Toledo, Venecia– que en el noble gesto del guerrero. La utilidad es una cosa de pequeños tenderos. No importa que el libro de Drieu seguramente horrorizara a Ortega en caso de que lo hubiera leído y se negase a aceptar que el pensamiento trashuma a través de los estilos, aunque los ordena y configura.

Gilles no es un libro deshumanizado –como tampoco lo es *El fuego fatuo*–, sino que aspira a ser una descarnada sátira de su tiempo y se reclama cercano de Céline y de Malraux, pero es, de nuevo, un tratado sobre el egotismo, sobre la aristocracia de ciertos espíritus. «En el fondo, seguramente hay dos clases de egotistas», escribirá Drieu en el prólogo, «los que se complacen en el encanto y la fascinación mínimas de sentirse prisioneros y de no amar del universo más que lo que encuentran en su propia prisión, y los que, inclinados a la observación de todo, no se esfuerzan en su yo más que pensando que van a encontrar en él la materia humana más tangible y la menos engañosa. Firmes en su fe, se dicen que en el diálogo con ellos mismos, manteniendo los dos cabos del hilo, nada se les escapará, nada se les pasará por alto.

Otra ilusión, ciertamente, pero sin embargo una óptica que es muy distinta de la de Narciso, y que ha ocupado en algunos momentos a los novelistas más objetivos, y a los pensadores más clásicos.

»Además, en mi caso, y debido a mi idea de decadencia, la introspección adquiría una significación moral. Dispuesto a desenmascarar y a denunciar, pensaba que era justo que empezara por mí mismo. Recuerdo que quería escribir un libro titulado *Panfleto contra mí y contra mis amigos*. Hubiera sido una manera de redactar una diatriba contra la época.» Así habla Drieu en el prólogo que escribió para *Gilles*. ¿No les parece a ustedes que volvemos a oír a Petreña, empeñado en ponerse a sí mismo en el centro del mundo?

Drieu había participado, jovencísimo, en la Primera Guerra Mundial con una exaltación a la altura de las doctrinas de su maestro Barrès, y no como tantos otros que se sintieron arrastrados al holocausto como ovejas al matadero: nada que ver con el pacifismo de Rolland, ni con la indignación que Barbusse expresaría en *El fuego*, ni con el escupitajo que Céline lanzaba sobre la guerra y los ejércitos en el *Voyage au bout de la nuit*, el libro que escandalizó, sorprendió y fascinó a Francia en 1932, y en el que Bardamu, su protagonista, de vuelta a París tras su paso por el ejército, está más cerca de Alain, el protagonista de *El fuego fatuo*, que de Gilles. Alain, antes de suicidarse, había dicho: «El dinero, el éxito. Sólo podías escoger entre el fango y la muerte.» Bardamu no cree que exista tal disyuntiva. Está convencido de que no hay más que fango, y se baña en él. Alain cree más noble elegir la belleza del gesto: «Morir es lo más hermoso que podías hacer, lo más fuerte, lo más.»

Entre la decisión de uno y otro protagonista de las novelas de Drieu, Alain (matarse) y Gilles (morir matando), mediaban la República y la guerra de España. Una guerra a la vuelta de la esquina le proporcionaba a la propia muerte am-

plio escenario y disfraz en el bando que se había apropiado de ella como estética: «¡Viva la muerte!», gritaba Millán Astray. Oigamos el sonido de sus pasos en la cabeza de Gilles: «Giró en la escalera, un herido en los escalones, gemía:
»–Santa María.
»Sí, la madre de Dios, la madre de Dios hecho hombre. Dios que crea, que sufre en su creación, que muere y renace. Así que siempre seré un hereje. Los dioses que mueren y que renacen: Dionyssos, Cristo. Nada se hace, si no es con sangre. Hay que morir incesantemente para, incesantemente, renacer. El Cristo de las catedrales, el gran dios blanco y viril. Un rey, hijo de rey.
»Encontró un fusil, se dirigió a una tronera y se puso a disparar, poniendo todo el empeño.» Son las últimas palabras de la novela, que termina con esta entrega al dios de la acción, noble rey hijo de rey. Se trata del cumplimiento de los peores presagios que, sobre el futuro de esa generación, había vaticinado –mística y política juntas– André Gide, un hombre cuyas vacilaciones eran de otro tipo, y que al tiempo que escribía el anticolonialista *Viaje al Congo* y sus indignadas páginas contra la Unión Soviética, interrumpía sus elevadas reflexiones, en pleno fragor de la Primera Guerra Mundial, en 1916, para quejarse como lo haría un niño de que «Al menor obstáculo material, mi pensamiento se crispa, se detiene. Es lo mismo que el obstáculo venga de la tinta o del papel. Si mis dedos se entumecen, se entumece mi cerebro. Si una pluma raspa, mi estilo falla», y, en 1942, en el momento más terrible de la Segunda Guerra, se lamentaba de «cómo daña a mi pensamiento, a mi placer de escribir, el papel cuadriculado». Y concluye: «Nunca he escrito nada de valor sin estar satisfecho del aspecto material de mi escritura. Una mala pluma basta para que mi estilo quede afectado.» Difícil momento ése en el que unos escritores empuñan el fusil y otros apenas si consiguen sostener la pluma. Cual-

quiera de los anarquistas que pueblan los campos de Max Aub hubiera teorizado acerca de la fragilidad de los intelectuales, de su egoísmo. De haber escuchado esa queja de André Gide, le habría dicho: «Vosotros creéis que estos cuadros (o estas plumas, o estos folios) son más importantes que la vida humana. Que una vida humana. Una sola. Yo no. Sin arte se puede vivir. Muerto, ¿para qué se quiere?» Y el comunista quizá le hubiera recordado aquello de que la literatura es una ruedecita más en la máquina de la revolución. Max Aub hubiera sido feliz poniéndolos a discutir a los tres y sacándolos a cada uno de su sitio.

A pesar de que, en 1942, cuando André Gide se lamentaba de cuánto puede llegar a dañar el estilo una mala pluma, Aub llevara ya un decenio desconfiando de que la pluma fuera el centro del mundo y hacía tres años que había descubierto que una pluma no era casi nada. Claro que, mientras que los empleados de la editorial Gallimard, cuyo catálogo había seguido Aub siempre con tanta atención, corregían las pruebas de *Gilles*, la novela que Drieu publicó en 1939, a unos cientos de metros de la sede de la prestigiosa editorial se amontonaban los detenidos en el interior del estadio Rolland Garros, convertido en campo de concentración en el que convivían refugiados de la guerra de España (¡Venciste, valeroso Gilles!), judíos y comunistas, al igual que lo hacían en los otros improvisados centros de internamiento repartidos por el sur del país. Entre esos detenidos, pronto estaría el propio Max Aub. Durante la República había escrito *Yo vivo*, un canto de gozo dedicado al propio cuerpo, con un brillo solar que a veces hace pensar en el libro que escribiría Camus bajo el título de *Nupcias*. Aún se advertían en ese texto de Aub —ya desde el título— los rasgos literarios de un modo de entender la narrativa del que la guerra lo había radicalmente curado con un tratamiento de choque. Ahora, tras la derrota, y en vísperas del encierro en un pisito de París, iniciaba la redacción de una epopeya –*Campo cerrado*– que tomaba como modelo el esfuerzo de Galdós en los *Episodios nacionales* y en las *Novelas contemporáneas* para explicar cuanto había ocurrido a su alrededor: la guerra y su prolongación en el dolor y la brutalidad de los campos de concentración. Y también sus antecedentes: la dictadura de Primo de Rivera y las vísperas de la República en *La calle de Valverde;* y el encuentro de esa generación joven y confiada con la guadaña de lo terrible en *Las buenas intenciones*. Cualquier pedazo de papel y cualquier lápiz valían para empezar a escribir la primera parte de su relato, en el que ya la desazón solitaria de su protagonista, Rafael Serrador (una nueva reencarnación del egotismo), acaba por convertirlo en criminal en una escena terrible que recoge el acto gratuito del Lafcadio de *Los sótanos del Vaticano* de André Gide y anticipa el de Mersault en *El extranjero* de Camus.

Mientras París lee el gesto teatral de Gilles, acercándose a Dios con un fusil en la mano, Max Aub escribe la historia de Rafael Serrador, anarquista y falangista, ¡qué más da!: yo. Un viejo militante se lo ha dicho así de claro: «Tú quieres palpar los resultados. A ti te gustarían las medallas, los desfiles, los himnos y tu nombre en la historia. No te digo que no te puedas corregir y trabajar con nosotros, pero si picaras a un patrono querrías que todos supiesen que habías sido tú. Ése no es camino.» A solas, Serrador contempla a la gente que lucha en las calles de Barcelona por la República y descubre que «Estos hombres tienen fe los unos en los otros. ¿Es esto la fraternidad? No les importa que yo exista o no, que tú existas o no; lo que vale es lo que los une, lo que nos separa si quieres: cierto aire humano, confianza en la muerte y desconocimiento de la lástima. ¿Qué quedará al amainar el entusiasmo? El recuerdo. Efectivamente, con ese recuerdo y esa esperanza quizá se puede vivir». En su aislamiento, Rafael Serrador recuerda una frase que le ha dicho el socialista Lledó: «Cuando un hombre piensa dejándose guiar sólo por su sentimiento, por su intuición o por su fantasía, está solo, completamente solo.» Al ver a aquellos hombres pelear en la calle, se da cuenta de que no son esos hombres los que le interesan, ni él mismo, sino la relación de los hombres entre sí: la fraternidad.

Unas páginas antes, Aub, al escribir su libro, se ha preocupado de enfrentar a los literatos en un café de Barcelona, El Oro del Rin. Quizá viene a cuento reproducir algo de lo que dicen.

–Para ellos [habla el socialista Lledó con Salomar, álter ego del escritor Luys Santa Marina, y, con el ellos, se refiere a los fascistas] el mundo se convierte en boato, apariencia, desfiles, uniformes, pura forma.
–¡Vas a salir otra vez con que la culpa la tiene Góngora! –dijo Bosch.
–Dejando aparte la exageración, algo hay de eso, mi joven amigo. No Góngora, el gusto por... Y de ahí el odio de Hitler hacia cierta arquitectura racionalista y hacia Picasso. Todo eso, desprecio de sí mismo y, como colofón, necesidad de muerte: resultado para mañana, la guerra. [Sigue la discusión.]
–...Todos los escritorzuelos que se os han ido sumando lo hacen por aquello de «Honra me ha causado hacerme oscuro a los ignorantes...».
Prosiguió Salomar:
–Que ésa era la distinción de los hombres doctos: hablar de manera que a ellos les parezca griego, pues no han de dar las piedras preciosas a los animales de cerda.
–Lo malo –continuó Lledó– es que sólo por hablar griego se han creído Góngoras, Mussolinis o Hitleres.

Leyendo estas páginas que Aub escribía en París durante la primavera y verano de 1939, uno tiene la sensación de volver al núcleo de la novela que Drieu acababa de escribir. Drieu, en cualquier caso, no iba a mostrarse demasiado dispuesto a aceptar el destino que André Gide, en 1927, le había anunciado que iba a llegarle veinte años más tarde y que le llegó a los dieciocho. En 1945, a la entrada de las tropas aliadas en París, un grupo de amigos, entre los que se encontraba Malraux, lo ocultaron con la esperanza de salvarlo en aquellos primeros días de la liberación cuando se pedía responsabilidades a quienes habían colaborado con los nazis, pero él se suicidó al enterarse de que habían dictado una orden de detención en contra suya.

En un diario que escribió por aquellos días y que se ha publicado en España con el título de *Relato secreto*, se expresó como si fuera un personaje de sus novelas: «Todo es mentira»; para concluir: «En otros tiempos, cuando no había nada de particular que me amenazara, pensé morir joven, salir al encuentro de la muerte. Y entre dos miedos, el de morir y el de que me mataran, conseguí vencer el de morir.» También Céline se comportó como uno de sus personajes, y, al igual que Bardamu, el protagonista del *Viaje al fin de la noche*, decidió quedarse en el barro, maldiciendo desde su retiro forzoso a una sociedad que se negaba a rendirle honores al mayor novelista de Francia, sólo porque había escrito algunos panfletos virulentos contra los judíos –cosas, claro está, de la literatura– y había colaborado activamente con los nazis. Al parecer, hay determinados momentos en los que, a su pesar, se mezcla el arte con las sospechas de la historia.

II. DE LA MANO DE GALDÓS

Por su parte, Aub empieza a escribir tras la guerra su «epopeya» literaria que, veinticinco años después, cuando la concluya, al cerrar el *Campo de los almendros*, dirá que debería haber sido escrita «en verso, en inacabables octavas reales, como cualquier enorme poema épico de mala época». Para ello –la historia es maestra y madrastra–, no había tenido más remedio que empeñarse en una compleja deconstrucción; en una reflexión acerca de las posibilidades y límites de la novela contemporánea que le llevará a darle la vuelta al lugar común de que, tras las convulsiones de la Primera Guerra Mundial, el concepto de la narración como espejo al lado del camino o como esfuerzo de una sociedad por contarse a sí misma se había disuelto como un azucarillo en un vaso de agua y que de los pedazos de ese espejo fragmentado sólo podía nacer un yo, un desolado sujeto que se imponía –pequeño tirano– como único tema, valiéndose de todo tipo de artimañas: monólogo o fluido interior, espejo deformante en el callejón del gato, introspección y uso de la primera persona como única forma del narrador, desaparición del tema hasta dejar el punto de vista como objeto mismo, declaración de la obra de arte como pieza ensimismada ajena a cualquier ley del tiempo o la sociedad y sólo atenta a las pautas que el almacén (ni siquiera el desarrollo) de los géneros y herramientas literarias le marcaban.

Claro que las fórmulas siempre resultan engañosas –el cristal con que se mira– y ese dogma literario dejaba sueltos demasiados hilos, y aceptar los tortuosos callejones del yo como única narrativa del siglo XX mantenía sin respuesta demasiadas preguntas: si Proust venía o no de Balzac, si pertenecía al siglo XIX o al XX *La montaña mágica* de Thomas Mann, y por qué; si, por ejemplo, *La marcha Radetzky* de Joseph Roth era un resto arqueológico, o si *El hombre sin atributos* miraba sólo hacia dentro o mucho hacia fuera.

En el artículo «La novela y el tiempo de nuestro tiempo», recientemente publicado por Constantino Bértolo (y en el que sigue a Raymond Williams), se define la literatura como «un producto resultante del trabajo sobre la organización del lenguaje a través del cual cada sociedad se autodescribe a sí misma. Dado que el lenguaje es un campo susceptible de dominio, la literatura reflejará (mediante procesos complejos, que sería largo enumerar ahora) las luchas y tensiones que se produzcan dentro de la sociedad y que se resuelven literariamente en estéticas (construcción social de qué sea el contenido de lo bello y la relación con él)». Digamos, por volver a lo que nos plantea Max Aub, que los ingeniosos enfrentamientos que él ha reflejado en el escenario del café del Lyon d'Or se resuelven, unas páginas más adelante, en barricadas y trincheras. En ese instante decisivo de la guerra, en el que el poder está en el tejado, se evidencia, detrás de la máscara inane de las escuelas estéticas, la ferocidad sin cuartel de la lucha por la ocupación de los imaginarios de una sociedad. Los paisajes reales, las calles, los campos, el aire van ocupándolos poco a poco aviones, tanques y ametralladoras. En el café trabajan invisibles las palabras como fuera las armas, y todo –palabras y armas– obedece en esos días decisivos a un propósito. ¿O es que hay acto o palabra sin propósito? Y aún más, ¿es que hay acto o palabra sin consecuencias?

La obra posterior a la guerra de Max Aub se entiende –así al menos es como yo la entiendo en su enérgico braceo en busca del aire exterior– como el deliberado propósito de reconstrucción del edificio público de un imaginario reducido a escombros por los vencedores de la guerra (las palabras ocupadas). De nuevo, tras la dulzura de la tregua, o guerra larvada, o blanda, del primer tercio de siglo, se representa otro acto de esa larga lucha entre progreso y reacción que había movilizado la narrativa del siglo XIX. Galdós se convierte en el referente posible, porque ha sido el único que ha levantado –con sus *Episodios nacionales*, con sus *Novelas contemporáneas*– una lectura global de la sociedad y sus mecanismos de comportamiento, incluido el comportamiento del poder y su difusión en los más humildes espacios cotidianos. Un todo frente a otro todo. No deja de sorprender, en apariencia, esa elección en alguien tan atado a las vanguardias como Aub. Modernistas, parnasianos, futuristas, surrealistas, partidarios de la novela intelectual y de la deshumanizada, prácticamente todas las escuelas *à la page* que en el primer tercio de siglo habían florecido en España se habían esforzado por enterrar al viejo novelista como una reliquia caduca del siglo XIX, a veces de un modo bastante incoherente (¿por qué *El ruedo Ibérico* de Valle-Inclán iba, en ese imaginario de antes de la guerra, al cielo, mientras que la segunda y tercera parte de los *Episodios* caían en el infierno del desprecio o de la indiferencia? ¿Sólo por el humor desgarrado de Valle y por su potencia verbal? No parece suficiente).

Populismo, vulgaridad y torpeza expresivas, incontinencia, llaneza parecen ser las razones más pertinaces que se esgrimían –hoy también– para mostrar lo innecesaria que podía llegar a ser una lectura de Galdós. A Galdós se le miraba desde las altas torres de una literatura que reclamaba su rango de aristocracia del saber y del decir, recordemos a Ortega. Volvamos a escuchar a Salomar: «Que ésa era la distinción de los hombres doctos: hablar de manera que a ellos les parezca griego, pues no han de dar las piedras preciosas a los animales de cerda.»

En cualquier caso, no todos pensaban así. Entre los surrealistas, no pensaba así Buñuel, que encontró en la cuidadosa lectura de Galdós una fuente inagotable de temas –*Nazarín*, *Tristana*...–, y también un rico y flexible punto de vista (Galdós y Buñuel se encuentran tanto en la consciencia como en los sueños). Tampoco era antigaldosiano Machado, ni –lo que resulta aún más significativo– Cernuda. En el *Díptico español*, donde –también él en el exilio– Cernuda vuelve a la división de España que había marcado la literatura del siglo XIX, la parte de la que él se siente heredero y que le lleva a exclamar: «Bien está que fuera tu tierra», se resume –ni más ni menos– en un largo homenaje a Galdós. Es más, si uno lee ese hermoso poema, puede llegar a la conclusión de que Cernuda sólo se siente español en la obra de Galdós: «Hoy, cuando a tu tierra ya no necesitas, / Aún en estos libros te es querida y necesaria.» El poeta no duda en convertir a Galdós en símbolo de resistencia de una España de tolerancia, que es, al pie de la letra, «la tradición generosa de Cervantes». Según se dice a sí mismo Cernuda en esos versos: «La real para ti no es esa España obscena y deprimente / En la que regenta hoy la canalla, / Sino esta España viva y siempre noble / Que Galdós en sus libros ha creado. / De aquélla nos consuela y cura ésta.»

Volverá a repetir el argumento en un artículo de 1954, titulado sencillamente así, «Galdós», en el que lo propone como paradigma moral, «ya que su honestidad de artista le impidió utilizar su obra para hablar de sí y hacer su propio reclamo, como lo han hecho hasta la náusea las gentes del 98. [...] Hoy», prosigue sus razones Cernuda, «por contraste, un escritor así, tan reticente acerca de sí mismo, parece de escasa importancia, y hasta puede ocurrir que el lector no se atreva a reconocer que dicho autor le agrada más que otros inferiores, pero a la moda del día. Porque Galdós no se muestra superior a sus lectores, siéndolo tanto, pueden éstos, en vez de agradecerle ese rasgo de buena educación, desestimarle, si no menospreciarle».

Cernuda, por lo general tan parco en sus halagos –y presa codiciada por todas las escuelas estéticas contemporáneas–, nos regala una lectura cívica y moral de Galdós, en la que le otorga la estatura literaria de Lope, Cervantes o Calderón (aunque «nada más contrario a Galdós que Lope o Calderón», se apresura a añadir), precisando, en cambio: «Con respecto a Cervantes, sí tiene afinidad, y ambos son, probablemente, nuestros únicos escritores, sin aludir ahora a los poetas, que conocieron lo que es generosidad y que fueran capaces de comprender una actitud humana o un punto de vista contrarios a los suyos.» De nuevo las distintas voces parecen conducirnos a núcleos recurrentes de reflexión. En las palabras de Cernuda creemos escuchar el contrapunto del lamento que Aub puso en las páginas del diario de Ferrís, aquel escritor que no conseguía salirse de sí mismo para crear un personaje. ¿Y cómo no relacionarlas también con el diálogo que, en *La calle de Valverde,* sostienen Jaime Bordes y Carlos Santibáñez? Escuchemos lo que dicen:

–Quisiera escribir una novela, una gran novela, la gran novela de nuestro tiempo, como hizo Galdós la del suyo. Y me sale entre Felipe Trigo y Ricardo León. La voluntad no basta.
–Siempre te gustó demasiado Galdós.
–Tanto como a ti Baroja.
–Sigo en las mismas.
–Y yo. Lo de Pío no son novelas, es él, visto y vuelto a ver de un lado y de otro. El lector acaba sabiendo de memoria quién, cómo es: sin mayor interés [...] don Benito era otra cosa. Ahí están sus personajes, vivos y coleando. ¿Quién los olvida?
–Tampoco los de Pío.
–Menuda diferencia. ¿Qué pesará Paradox frente a *Miau* o *Torquemada?*

Torquemada, en la reflexión de Max Aub como paradigma de lo que es un personaje. Pronto volveremos a encontrárnoslo en el artículo de Cernuda. Para ambos, la creación de personajes va unida a la generosidad del autor que es capaz de pararse a mirar los rostros ajenos y a escuchar las voces de fuera. Para Aub, como también para Cernuda, los personajes son, además de presencias reales, casi físicas, del mundo exterior que se cuela en los libros, formas particulares de mirar y padecer la historia desde la esquina de lo íntimo, lo que los eleva a la categoría de opciones morales. El gesto de lo particular ante lo colectivo; en la novela de Galdós, además, aparece el espacio, la geografía: el campo y las ciudades con su precisa toponimia de escenario en el que se desarrolla la tragedia del vivir cotidiano y que la condiciona; y, claro está, el tiempo, el inexcusable paso del tiempo en el que se teje la diferencia –mal que les pese a los yoístas– entre la novela y cualquier otra forma literaria: en el arco entre el antes y el después, está la esencia de la narrativa como género. Contar por qué las cosas fueron así y no de otra manera; cómo aquel o aquello llegaron a ser éste o esto; y casi siempre, por no decir siempre, por qué no fueron como deberían haber sido. El «cuándo te jodiste, Zavalita», de *Conversación en la Catedral* de Vargas Llosa, como interrogante del que nace una gran novela. Aub, el novelista, y Cernuda, el poeta, se ponen de acuerdo en que Galdós marca el complejo punto de llegada y, por ende, de partida de una posible narrativa española.

Entre las prosas de Cernuda, junto al artículo dedicado a Galdós, nos encontramos con otros en los que se habla de Coleridge o de Keats, alguno en el que se defiende que Elliot es el más grande poeta contemporáneo; hay homenajes a Góngora y hasta una crítica muy razonable de la narrativa de Dashiel Hammet. Si hablamos del cosmopolitismo de Aub, francoalemán, políglota, lector en unos cuantos idiomas, atento a todas las modas, no sólo literarias, que sacuden Europa en los años veinte y treinta, de Cernuda tampoco podemos esperar una lectura casticista. Por eso, conmueve aún más la larga enumeración de nombres de personajes que viven en Galdós y que él quiere revivir como homenaje en la tabla luminosa del *Díptico español*: Gabriel, Inés, Amaranta.

/ Soledad, Salvador, Genara / ...Miss Fly, Santorcaz. Tilín. Lord Gray / ...Rosalía, Eloísa, Fortunata, / Mauricio, Federico Viera / Martín Muriel, Moreno Isla, / Tantos otros que habrían de revelarte / El escondido drama de un vivir cotidiano: / La plácida existencia real y, bajo ella, / El humano tormento, la paradoja de estar vivo.»

Leer los versos de Cernuda me lleva otra vez al puerto de Alicante. A ese Max Aub que se siente satisfecho por haber creado a Asunción (la borrachera de haber salido del yo, para crear un personaje), a su certeza de que ella, viva y joven, lo salvará a él, viejo, y pronto muerto. El placer de nombrar a los seres humanos y hacerlos vivir por el hecho de nombrarlos. Recordamos el batallón de los fígaros, la simple enumeración de cuyos nombres y apellidos consigue una de las páginas más emocionantes de nuestra literatura. Recordamos también esas líneas, cuando la obra va a concluir, en las que el autor de *Campo de los almendros* sale a escena, como al final de una representación teatral de Benavente, para decirnos: «Aquí hay treinta mil posibles protagonistas de la Gran Guerra Civil Española que el autor ha relatado a su manera desde hace un cuarto de siglo [...] ¿Qué hacen, qué piensan todos estos personajes, todos estos que son y se fueron? Ahora sería el momento de discutir los problemas de la novela y la historia; del arte y la realidad. Pero ya lo hice a lo largo de estas páginas o de otras.»

Y de la voz de Aub, una vez más a las opiniones de nuestro poeta quizá más cosmopolita en ese magnífico artículo en el que sutilmente anuda de manera indisoluble la suerte del tema, el estilo y la ética, o por usar una palabra menos cargada que esa de ética, digamos que el punto de vista, convirtiéndolos en una sola cosa. Dice Cernuda: «Se ha recordado que Galdós no sabe escribir, que no tiene "estilo". No sé qué llamarán estilo quienes tal cosa dicen. Galdós creó para sus personajes un lenguaje que no tiene precedentes en nuestra literatura ni parece que nadie haya intentado continuarlo o podido continuarlo.» Y aún merece la pena volverlo a escuchar cuando nos cuenta que Galdós «inventa una lengua "dramática", que anticipa lo que años después se llamaría "monólogo interior" [...] introduce en nuestra novela el estilo coloquial, el estilo hablado; pero ésta es cuestión de la cual los españoles tuvieron siempre poca vislumbre, ya que, obstinados en la pomposidad y la exageración, todo lo que en literatura no fuera eso pasaba por falta de estilo. Lo cómico es que lo repita también algún crítico que se pasma (sin haberlo leído) ante el *Ulysses*». Como ejemplo de esos monólogos, pone Cernuda los impresionantes soliloquios de *Torquemada en la hoguera*: «Qué poesía entrañable la de esta labor que los tontos acusan de prosaica.» La consideración del personaje de Torquemada como una de las cumbres de nuestra literatura vuelve a acercar los puntos de vista del poeta y de Aub.

III. MÁS ALLÁ DE GALDÓS

Este largo excurso cernudiano no ha tenido otro objeto que el de ofrecer, con palabras más atinadas que las mías, algunas pistas del Galdós que fascina a Aub hasta el punto de convertirlo en maestro de un proyecto narrativo moderno que escape de la tiranía del yo. Sabe Aub que toda gran obra es, a la vez que ella misma, un compendio de la historia entera de la literatura, una relectura interesada y exhaustiva de sus predecesores, y él –pero eso ya no concierne a lo que queríamos contar hoy– relee así a Galdós recogiendo sus grandes temas, que algunos vienen desde muy lejos, desde la tragedia griega; otros del Siglo de Oro (¡esos locos al revés de Aub y Galdós!), o de la Ilustración. Los recoge y vuelve a revivirlos a su manera. Ahí, recorriendo sus libros, vuelven a estar Climtemnestra o Edipo; vuelve el feroz Saturno a devorar a sus hijos, y unas veces se llama Alfaro, y otras Jiménez, o Mustieles, y, con cada una de sus reencarnaciones, siempre nos deja la sospecha de que a lo mejor el progreso no es precisamente ineluctable. Aub recoge la amarga lucidez de Jovellanos o la severidad de Saavedra Fajardo junto al juego de palabras procaz, que nos devuelve al habla de sus protagonistas y nos habla de su carácter a veces mejor que una larga tirada explicativa; se vuelve conceptista como su querido Quevedo, con quien compartió tantas horas de cautiverio (fue el único autor que tuvo consigo en los campos de concentración); aprende del pícaro a contar sólo lo que conviene al cuento (qué bien lo ha visto Soldevila en su libro). Temas, modos, y, también, estructuras narrativas. ¿O es que *Los campos* y *Las buenas intenciones* no nos devuelven en su vagabundeo la novela bizantina, el *Persiles* de Cervantes, *Los miserables* de Victor Hugo, *Los novios* de Manzoni o, como antecedente cercano, los *Episodios nacionales* de Galdós? ¿No está cada una de esas novelas en el dibujo preliminar del libro? Lo dicho: las grandes novelas llevan dentro todas las novelas anteriores.

Además, metiendo la cabeza en el baúl de Galdós y mirando con cuidado lo que guarda dentro, Aub ha podido romper todos los corsés y saltarse todas las disyuntivas que la narrativa parecía empeñada en imponerle, y, así deshumaniza su novela a ratos, como si fuera Jarnés, la intelectualiza vistiéndose de Pérez de Ayala, le pone un sujeto múltiple al estilo del Dos Passos de *Manhattan Transfer*, se recrea en el monólogo interior como Virginia Woolf, agita y castiga el lenguaje y lo estira igual que un chicle, tal y como hizo Joyce, o convierte el relato breve (esos cuentos magistrales: «El cojo», «La Ingratitud», que nos hacen acordarnos de Rulfo) en un luminoso relámpago. Maneja la novela como un juguete cerebral al estilo de Nabokov. Puede, sin perder el pulso, contar su historia sirviéndose de un guión cinematográfico, o dialogando como en una pieza de teatro; detener el relato con la pirueta de una greguería o entrar en él a saco imponiéndose con la autoridad de un autor. Vuelve la narrativa poema en prosa, o la gongoriza, o la politiza. En pocas ocasiones, ante un novelista tiene uno la sensación de encontrarse tan evidentemente con eso que Vargas Llosa llamaba un «deicida», el narrador total. Cada vez que leo *Los campos* de Max Aub –que siempre me deslumbran y emocionan casi tanto como me enseñan– recuerdo lo que decía Virginia Woolf, me parece que a propósito de Forster: «El éxito de las obras maestras parece que no descansa tanto en su carencia de faltas (de hecho toleramos los más groseros errores en todas ellas) sino en el inmenso poder persuasivo de un cerebro que ha dominado completamente su perspectiva.»

Siempre me he preguntado dónde reside el poder persuasivo de Aub para convertir toda esa variedad en una sola y coherente historia. Y, a medida que voy envejeciendo, y que yo mismo intento escribir y responder a esa pregunta por medio de mis propios libros, cada vez estoy más convencido de que la respuesta a ese esplendor de la novela no está en la literatura misma, sino fuera de ella, y vuelvo a escuchar las palabras de un maestro que me dice: «El planteamiento de los problemas de realidad e irrealismo me ha tenido siempre sin cuidado, me importan la libertad y la justicia.» Escucho y aprendo.

Con frecuencia leo libros correctamente escritos, algunos hasta llenos de ingenio, que no carecen de méritos y que incluso responden con brillantez a ciertos problemas literarios que los críticos y expertos estudian, y, sin embargo, casi siempre esos libros me parecen muertos, inútiles, vacíos. Y en todas las ocasiones en que eso me ocurre siento que es porque les falta un impulso exterior, el propósito de algo que está fuera de los libros y que, sin embargo, los llena. Sé que, hoy, en la narrativa española, de nuevo pendiente más que nada de los recovecos del yo, ni Galdós, ni Max Aub son referentes necesarios. Al segundo ni siquiera se le tiene en cuenta; al primero se le desprecia, o se hace con él lo peor que puede hacerse, galdosianismo (el costumbrismo es la otra variante que con el psicologismo invade una narrativa que reniega de la historia).

Si la literatura es el intento de una sociedad por seguir contándose a sí misma, el que evitemos y hasta contemplemos desde arriba, con suficiencia, un camino que, además de Aub o Galdós, han recorrido (y recojo el sentir de lo que decía Bértolo en su artículo) Shólojov, Pilniak, Pavese, Pratolini, el Sender de *Imán*, el Steinbeck de *Las uvas de la ira*, Dos Passos, o el Eça de Queiroz de *El primo Basilio*, nos habla a las claras de cuál sea el modo en que esta sociedad está queriendo leerse a sí misma; de qué es lo que nos estamos contando a estas alturas del camino. Y, sobre todo, de qué es lo que no nos queremos contar.

Pienso que, si nos detenemos en las últimas páginas de *Campo de los almendros*, podemos encontrar un poco de luz que nos alumbre en el tortuoso laberinto de cuanto aquí se ha dicho. De repente, esas páginas que Aub presenta bajo el epígrafe de «Addenda», resulta que no le pertenecen ni a él, ni a ninguno de los cientos de personajes que han cruzado por su libro, sino que recogen las palabras de una mujer que no conocemos, pero que le cuenta al autor algunas anécdotas y que se hace algunas reflexiones en relación con la guerra. «Hoy se ha olvidado mucho», dice la mujer en esa comunicación, «dentro de poco se habrá olvidado todo. Claro está que, a pesar de todo, queda siempre algo en el aire. Como con los carlistas, pero eso aún fue ayer. Antes debió pasar lo mismo, y pisamos la misma tierra. Yo creo que la tierra está hecha del polvo de los muertos.» Cuenta también la historia de un hombre al que ella conoció y que fusilaron: «un hombre bueno como ya no los hay. Y un sabio, un sabio de verdad. Luego la gente come y se olvida [...] Yo no, tal vez porque aquello me cogió ya vieja. Y lo que le he dicho de esa niña de Alcira, la que cantaba tan bien, la que les cantó el Ave María a las monjas antes de que la fusilaran... Se llamaba Amparo, como la Virgen. Era mi hija».

La fuerza y la verdad de ese libro, su tremenda emoción hay que buscarlas en buena parte en la generosidad e inteligencia por parte de Aub al haber sabido poner la razón de su novela en el exterior del almacén de los utillajes literarios, e incluso fuera del mezquino camerino en que se disfraza el autor; en haberla escrito como reparación de una injusticia. A mí, descubrir esa generosidad literaria que –como en Galdós– encuentra en Aub quien lo lee con atención, me enseña mucho acerca de lo que me gustaría que fuera mi oficio. Lo demás me parece nada más que literatura.

Cursos de El Escorial, 1997

ÍNDICE

Las razones de un libro 7
El novelista perplejo 13
Una novela al acecho 37
La resurrección de la carne 45
La sospecha como origen de la sabiduría 65
El punto de vista 69
Material de derribo 91
Madrid, 1938 105
El eco de un disparo 111
De lugares y lenguas 117
El héroe inestable 137
Psicofonías (Legitimidad y narrativa) 145
Con los alumnos de un instituto en Zafra,
 el catorce de abril 161
El Yo culpable 169